Début d'une série de documents
en couleur

LES VICTIMES

D'UN SERVAGE MODERNE

PAR

RODOLPHE RAUNECK

INSPECTEUR D'ADMINISTRATION

OUVRAGE COURONNÉ

PARIS

Librairie Fischbacher, 33, rue de Seine.

GENÈVE
A l'Agence, 19, rue de Candolle.

LAUSANNE
Henri Mignot, éditeur.

1887

PUBLICATIONS DIVERSES :

Actes du Congrès sur l'observation du Dimanche, tenu à Genève en 1876. 1 vol. gr. in-8 de 450 pages . . . . fr. 5. —

Bulletin dominical, publié par la Société suisse pour le repos et la sanctification du Dimanche, à Genève, le n° . . - 10

Le Dimanche et la société, par A. Lombard, in-12. Genève, 1878. 6° édition. . . . . - 15

Le meilleur jour pour la paye des ouvriers, in-8. Genève 1877 - 20

La loi du Dimanche, au double point de vue social et religieux, par *Ernest Naville.* Br. in 8, 2°° éd. Genève, 1877. - 30

Le jour du repos sanctifié. Discours par *Edouard Monod,* past. Br. in-8, Genève, 1877 . . . . - 40

Appel à tous. In-12. 4°° édit. 100 ex. 3 fr. L'ex. . . . - 05

Un mauvais calcul (pour les commerçants). Genève, 1881. - 10

L'ami de tout le monde. In-12, Paris, 1878. . . . . - 05

Une fête du Dimanche. — Récit populaire par Arthur Massé. Brochure récompensée dans un concours contre les fêtes publiques et bruyantes du Dimanche. Genève, 1882.. . - 10

La loi du travail et la loi du repos. Conférence par L. Monod, past. à Lyon. Br. in-8°. Paris-Genève, 1886 . -,30

Un cri de détresse, ou *du repos pour tous.* In-12. 3° éd. 100 ex. 3 fr. L'ex . . . . - 05

Le Dimanche au point de vue hygiénique et social. Deux conférences prononcées à Bâle, par *A. Hœgler,* D° en méd. Bâle, Genève, 1879 . . . . - 80

Le repos hebdomadaire au point de vue hygiénique, par A. Hœgler, D° en médecine, à Bâle. — Extrait des *Actes du quatrième Congrès international d'hygiène,* tenu à Genève en septembre 1882. Publication à la fois scientifique et populaire. Broch. in-8. Genève, 1883 - 30

Le devoir de l'Eglise chrétienne et des œuvres de mission intérieure en présence des luttes économiques et sociales, brochure sous presse. (Trad. de l'allemand.)

Robert Lalane, ou *un employé comme il y en a beaucoup,* par M°° J. Valloton. Ouvrage couronné. 1 vol. de 290 p. Paris, 1882 . . . . 2.50

Trois destinées ou *une nouvelle servitude,* par A. Clément-Rochat. Ouvrage recommandé. — 1 vol. de 328 pages. Lausanne, 1882 . . . . 3. —

Genève. — Imp. Richter, rue des Voirons, 10.

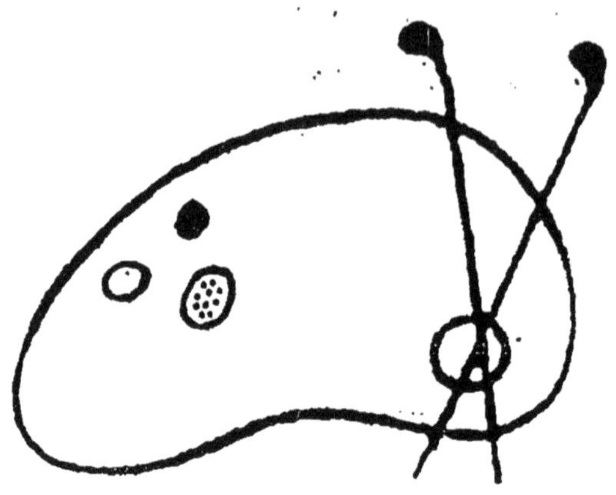

Fin d'une série de documents
en couleur

LES VICTIMES

D'UN SERVAGE MODERNE

LES VICTIMES

D'UN SERVAGE MODERNE

PAR

RODOLPHE RAUNECK

INSPECTEUR D'ADMINISTRATION

OUVRAGE COURONNÉ

PARIS:
Librairie FISCHBACHER, 33, rue de Seine.

GENÈVE:
A l'Agence, 19, rue de Candolle.

LAUSANNE:
Henri MIGNOT, éditeur.

AVANT-PROPOS

Cet ouvrage a été composé pour répondre à un concours ouvert par la *Fédération internationale pour l'observation du Dimanche,* qui a son Comité exécutif à Genève.

Le sujet était : *L'importance du repos dominical pour les employés des services publics et spécialement des chemins de fer.* Il s'agissait de montrer les suites déplorables qu'entraine, au triple point de vue de la santé, de la vie de famille et de l'état moral et religieux, la privation du repos du Dimanche, et de retracer, en se basant sur des faits avérés, la vie des hommes assujettis à cette nouvelle servitude.

Sur quinze manuscrits, en différentes langues, qui furent envoyés au jury, dix ont été mis de côté comme insuffisants. Celui que nous offrons au public est venu de l'Alsace; il a déjà été publié *en allemand* à Bâle, après avoir obtenu, au concours, un prix *ex-æquo* de mille francs. Nous devons ajouter, pour la règle, que le Comité de la Fédération ne s'est point rendu pour cela solidaire de *toutes* les idées exprimées par les auteurs auxquels il a accordé des récompenses.

Maintenant nous souhaitons que ce volume aille, avec plusieurs autres, plaider une cause trop méconnue, et qui réclame chaque jour avec plus de force une solution favorable. C'est une question de justice et d'humanité et, en ces temps de revendications sociales, il serait coupable de ne pas vouer à celle-ci toute la sollicitude qu'elle mérite.

Un éminent philanthrope chrétien, le comte Agénor de Gasparin, après avoir dit : « L'affranchissement des esclaves sera le titre d'honneur du dix-neuvième siècle, » a judicieusement ajouté : « Ayons soin seulement que les blancs ne soient pas omis. » C'est ce but élevé qui nous a fait entreprendre la publication *française* du présent volume.

Nous sommes, en effet, de ceux qui croient, avec le général suisse Ochsenbein, cette vérité difficile à contester, et ainsi énoncée dans un de ses ouvrages : « C'est attenter indirectement à la vie des individus que de les priver d'un temps de repos périodique qui est aussi nécessaire que la nourriture. »

Les Éditeurs.

LES
VICTIMES D'UN SERVAGE MODERNE

I

Un chant joyeux part d'un premier étage d'une maison et se fait entendre aux passants dans une ruelle. Chacun s'arrête un moment afin de recueillir, avec les ondes sonores transportées par l'air, l'écho des pensées qui se manifestent dans ces accents.

La famille qui chantait ainsi, jouissait incontestablement de cette paix de l'âme, le plus précieux des biens terrestres, que la vie agitée de notre époque fait de plus en plus disparaître. L'image qui se serait offerte aux regards d'un observateur ce samedi soir, se serait bien accordée avec les impressions produites par le chant. Pendant le

DEBUT DE PAGINATION

crépuscule, la petite Julie aux cheveux dorés était assise sur un tabouret auprès de sa mère qui l'entourait d'un de ses bras. Toutes deux chantaient le soprano, tandis que le père et son fils Adolphe faisaient l'accompagnement.

Adolphe, garçon de treize ans, au teint hâlé, aux cheveux châtains, avait été élevé sous une discipline stricte, et son père n'avait été que rarement obligé de le punir pour quelque escapade.

Liebmann s'approcha de la fenêtre ouverte, et contempla l'azur foncé du ciel. Il avait fait avec les siens le culte de famille qu'il faisait tous les soirs, et allait se livrer au repos.

Le lendemain matin, un beau jour de printemps, le père se rendit à l'église avec Adolphe et Julie : c'était pour lui un besoin du cœur et une habitude aussi indispensable que la respiration. Il se sentait poussé à se rendre une fois par semaine dans la maison de Dieu, pour l'adorer avec toute l'assemblée, pour secouer le poids des soucis journaliers et pour donner de nouvelles forces à la meilleure partie de lui-même, à l'étincelle divine déposée dans son cœur. Son premier désir était de voir ses deux enfants rechercher un jour de leur propre mouvement cet appui divin, auquel ils recouraient maintenant par habitude et par obéissance. L'essentiel ne leur ferait alors jamais défaut.

Peu après leur retour de l'église, la famille était réunie pour le dîner. Le père qui réservait une surprise aux siens, tira de sa poche une lettre qu'il tendit à Adolphe. Celui-ci la prit et se hâta de lire à haute voix :

> Mon cher Liebmann !
>
> C'est dimanche· la fête du village ; si vous pouvez nous faire la visite que vous nous promettez depuis longtemps, et rester jusqu'à lundi matin cela nous fera doublement plaisir. Nous avons tué un cochon qui contribuera aux réjouissances. Je vous attends donc sûrement.
>
> Votre ami et parrain,
>
> ADOLPHE KREMER.

— Bravo ! Julie, ce sera une belle après-midi ! Malheureusement le parrain aura son service comme à l'ordinaire ; je le regrette pour lui, mais moi, je me réjouis beaucoup de me tenir à la station, et de voir passer les trains remplis de gens endimanchés.

— Oui, oui, répondit le père, voilà bien ta passion pour les chemins de fer ! Il ne me restera plus qu'à te chercher une place du genre de celle de Kremer. Ce n'est pas là mon goût, et j'aurais bien mieux aimé mettre mon rabot entre tes mains que de te voir mener la vie de la plupart de ces employés. Dans ce temps de vapeur et de chemins de fer, le jour du repos est peu à peu oublié. Voyez ce Ruben qui demeure là-haut au troisième : quelle vie mène-t-il ? Tantôt il rentre au milieu de la nuit et dort le matin ; tantôt, au contraire, c'est dans la nuit qu'il part et dort l'après-midi ; il ne fait plus de différence entre le dimanche et les jours ouvriers. Dans ces conditions-là, un homme court bien le danger de tourner vers la brute !

— Mais, père, moi je ne vois que le beau côté de la position, et je suis attristé que tu ne veuilles pas me laisser prendre cette vocation. La vie nomade, ainsi que tu l'appelles, serait tout mon bonheur. Quel plaisir, par un beau temps, de voir fuir rapidement villages, bois, montagnes, troupeaux et bergers ! Il semble qu'on ne puisse s'empêcher de plaindre ceux-ci. Qu'ils sont heureux ces employés de chemins de fer ! doit penser celui qui garde les brebis. Ils voient tous les jours tant de choses et d'endroits différents, tandis que moi, je reste seul avec mes bêtes, que je ramène le soir au village, pour revenir le lendemain à la même place.

— Je doute bien que ce soient là les réflexions du berger, dit le père. A présent, il faut nous dépêcher, maman, ajouta-t-il. Il n'y a plus beaucoup de temps jusqu'à l'heure du train.

II

Une heure après, les quatre membres de la famille, tous en joyeuse disposition, sortaient d'un compartiment de 3e classe, et étaient cordialement accueillis par le parrain. Adolphe disparut plus vite qu'on n'aurait pu s'y attendre, et s'empara, dans le bureau, d'un emporte-pièce avec lequel il se mit à faire des trous dans un morceau de carton : c'était toujours sa première fonction chez son parrain, et il semblait déjà qualifié pour devenir contrôleur de billets sur un chemin de fer. Le succulent rôti de porc dont il mangea sa bonne part n'excita pas son enthousiasme au même degré que l'emporte-pièce et le carton.

— Comme je suis contente de t'avoir une fois ici, Julie, s'écria la petite Elise, qui était à peu près du même âge. Dès qu'on aura dîné, je te montrerai mon jardin. Tu verras comme il est charmant ; j'y ai fait au travers un sentier bordé de fleurs et couvert de sable bien fin ; tout le reste est pour les légumes ; j'ai aussi deux groseilliers rouges à moi toute seule ; ainsi quand les fruits seront mûrs, il faudra que tu nous fasses encore une visite pour m'aider à les cueillir.

Jusqu'alors, Adolphe n'avait pas fait grande attention à la jeune fille qui venait de parler. Mais cette voix enfantine, à l'accent si doux, l'attira, et il considéra avec admiration le joli visage d'Elise, qui ne lui avait jamais paru aussi attrayant. Il s'offrit donc pour accompagner les jeunes filles à la fête du village, et les parents, qui avaient encore beaucoup de choses à se dire, laissèrent les enfants les précéder.

Adolphe resta en admiration devant un charlatan, qui vantait, avec une volubilité incroyable, son savon à détacher et sa pâte pour nettoyer les couteaux et les fourchettes ; il entendit répéter vingt fois, en quelques minutes, qu'aucune tache de graisse, de cire ou d'encre ne pouvait résister à la vertu de ce savon. Le vendeur donnait sur-le-champ des exemples de ce qu'il avançait car, saisissant le bonnet d'Adolphe, taché en plusieurs endroits, il le lui rendit, au bout de quelques secondes, complètement détaché, au grand étonnement de son possesseur.

Cependant Julie tirait fortement son frère par la manche, car il y avait encore de plus belles choses à voir, entre autres un magasin de poupées. Elise et Julie se trouvaient trop grandes pour s'amuser encore avec de tels jouets, mais c'était pour elles une grande jouissance que de contempler toutes ces jolies petites créatures. Il y en avait une, en particulier, qui, avec ses boucles de vrais cheveux, était par trop admirable ; elle pouvait fermer les paupières et dire d'une manière distincte : Papa ! papa !

Malgré ces merveilles, Adolphe ne pouvait dissimuler son impatience, et c'était lui maintenant qui tirait sa sœur en arrière. Ils n'étaient pas loin du carrousel, et l'on pourrait bien faire quelques tours sur ces chevaux blancs tachetés de rouge et de vert. Les deux jeunes filles prirent donc place : Elise était rayonnante de joie. Leurs parents, qui arrivaient à pas lents, les aperçurent et se trouvèrent là lorsqu'elles descendirent de leurs montures.

Hélas ! ce beau jour avait trop vite passé, et le crépuscule arrivait déjà. On put encore se régaler de ce qui restait du rôti de porc, puis vint l'heure de la séparation ; la famille Liebmann, ne voulant pas rester jusqu'au lendemain, devait partir par le train de neuf heures et demie.

— Elise, dit Adolphe, je vais encore faire le tour de ton jardin en courant : peut-être que je n'y reviendrai pas de longtemps ! Dis à mes parents que je suis déjà descendu. Et, ajouta-t-il plus bas, conserve toujours un bon souvenir de moi.

Les deux yeux enflammés de la locomotive étaient déjà visibles et devenaient de plus en plus gros en approchant de la gare, mais on ne voyait Adolphe nulle part. Le père et la mère, irrités en même temps qu'angoissés, la petite sœur remplie d'inquiétude, montèrent en voiture, et le train s'élança dans la nuit obscure. A la station suivante, le jeune garçon, à cheval sur la chaîne qui réunissait les deux dernières voitures, descendit, se mêla aux voyageurs qui entouraient le convoi et arriva ainsi en vue de sa mère, qui poussa un cri de joie. Il avait choisi ce singulier mode de voyager parce qu'il avait lu récemment, dans un journal, qu'un homme aveugle avait fait de même : l'idée lui en était venue peu avant leur départ, et il avait pensé qu'il n'aurait jamais une meilleure occasion de se procurer cette jouissance.

Cette journée si agréable ne se termina pas d'une manière joyeuse, et le lendemain n'apporta pas non plus grande jouissance à Adolphe. Son père, croyant devoir le punir rigoureusement à cause de son escapade, l'enferma pour vingt-quatre heures dans la cave, où il n'eut d'autre dîner qu'une assiette de soupe et un morceau de pain. Le souvenir de la journée de fête fut donc troublé pour Adolphe, pour ses parents et pour sa sœur Julie, qui, affligée de son sort, ne cessait de rôder tristement autour du cachot de son frère.

III

Un an s'est écoulé, et un événement sérieux va se passer dans la famille Liebmann : la confirmation d'Adolphe. Cette dernière année avait été, pour ses parents, moins abondante en joies qu'en soucis et en inquiétudes : avec le développement corporel commençait pour Adolphe cette phase si dangereuse, dans laquelle une bonne ou une mauvaise impulsion peut décider de toute la vie.

Le parrain arriva avec sa femme, pour la cérémonie, et lorsque le matin, de bonne heure encore, les deux pères de famille se trouvèrent seuls avec

Adolphe, Liebmann prit la parole d'une voix émue, et, avec la pleine approbation de Kremer, il s'adressa comme suit à son fils :

— Jusqu'à présent nous avons eu la responsabilité de ce qui te concernait, devant Dieu, devant les hommes et devant notre conscience ; mais aujourd'hui que tu deviens un jeune homme et que tu vas confirmer toi-même avec Dieu, l'alliance que nous avons conclue pour toi, lors de ton baptême, la responsabilité de tes actes t'appartient désormais. Tu entres dans la société, et quand tu la quitteras un jour, tu auras à rendre compte de ta vie, de l'emploi de ton temps et de tes forces. Tu auras des combats à soutenir, car bien des tentations vont t'environner. Sois donc fort, Adolphe, mais rappelle-toi que nous ne pouvons rien par notre propre force et que nous avons besoin d'appui. Où trouver cet appui ; c'est ce que je me suis efforcé de t'apprendre et de graver dans ton cœur. Mais ne cherche pas le secours de Dieu, seulement lorsque tu ne trouveras aucune consolation et aucun point d'appui sur la terre. Pour sentir le souffle vivifiant du Seigneur, il faut se tenir toujours auprès de Lui ; prie-le donc chaque jour ; prie-le en tout temps ! Et que le dimanche soit pour toi un jour de recueillement et d'édification. Rentre en toi-même ce jour-là, pour penser aux événements de la semaine écoulée, et aux projets de celle qui commence. Je t'ai souvent démontré l'importance qu'a pour l'homme la fréquentation régulière du culte public : chaque service divin auquel tu prends part est un degré vers cette perfection à laquelle nous devons tendre, quoique nous ne puissions y atteindre ici-bas. Ce n'est pas sans inquiétude que je vois arriver ton émancipation. Ne fais pas honte à mes cheveux gris, et retiens fidèlement ces paroles que je te rappelle en ce jour : *Une seule chose est nécessaire.*

Il avait saisi la main de son fils : une larme brillait dans ses yeux. Le brave Kremer était sensiblement ému, et Adolphe ne l'était pas moins. Les exhortations paternelles tombaient dans un terrain favorable, et le jeune homme se proposait fermement de devenir un bon sujet.

Les cloches commençaient à se faire entendre, et leur appel n'avait jamais paru si solennel et si sérieux à la famille Liebmann. On se représente ce que devait éprouver la mère d'Adolphe...

Le pasteur parla, en termes qui allaient droit à l'âme, de la sainteté de sa tâche en ce jour. Il prononça pour Adolphe le verset suivant : *Reste fidèle jusqu'à la mort, et je te donnerai la couronne de vie.*

De retour à la maison, la famille prit part au repas de fête, mais une conversation sérieuse ne cessa de régner.

IV

Deux semaines ont passé. Liebmann travaille toujours avec la même ardeur qu'autrefois. L'inaction était pour lui une maladie ; aussi souffrait-il doublement quand il était malade.

Un matin, cependant, au lieu de se rendre à son atelier, il sort de l'armoire son meilleur costume. Adolphe de son côté était très occupé à arranger ses habits dans une malle neuve. Il y plaça entre autres des chemises d'une blancheur éclatante qui sortaient des mains de sa mère, deux paires de bottes et une collection de bas de laine dont les mailles avaient pris naissance sous les doigts de Julie. Un jambon à demi fumé y trouva aussi place.

Bientôt il fallut prendre congé de la mère et de la sœur : — Porte-toi bien, Adolphe ; lui dit madame Liebmann, écris-nous régulièrement ; conduis-toi de manière à contenter tes supérieurs, et maintenant pars, avec la protection de Dieu.

Le départ ne semblait pas à Adolphe chose si pénible : après quelques minutes données à l'émotion et aux regrets, les joyeuses perspectives de l'avenir remplirent complètement son âme.

Le père était assis silencieux dans le wagon : il ne se laissait point distraire par les objets extérieurs, et se transportait par la pensée dans de tout autres temps que le moment actuel : était-ce vers le passé ou vers l'avenir? Quant au jeune homme, le présent seul occupait son esprit plein de joie et d'attente, comme on l'est à son âge quand il y a quelque changement dans l'existence, il regardait par les fenêtres, tantôt à droite, tantôt à gauche. Les poteaux télégraphiques se succédant à de courts intervalles lui semblaient courir l'un après l'autre vers la maison paternelle ; les vertes forêts restaient plus longtemps en vue, puis, lorsque le sifflement de la locomotive annonçait l'approche d'une station, Adolphe examinait avec le plus grand intérêt les voyageurs qui montaient en voiture ou en descendaient.

Bientôt le train entra dans la gare où Liebmann et son fils devaient s'arrêter.

Adolphe regrettait que ce voyage si plein de charmes fût déjà à son terme. Oh! s'il pouvait avoir plus souvent cette jouissance !

Liebmann avait obtenu que son fils entrât comme employé dans la station de B., et il venait l'installer lui-même. Il se présenta avec Adolphe au chef de gare et le remercia d'avoir bien voulu prendre le jeune homme dans son bureau.

— J'espère, dit M. Müller à Adolphe, que vous remplirez consciencieusement vos devoirs, et que votre conduite envers moi et envers les autres employés ne donnera jamais lieu à aucune plainte.

— Je vous remercie encore de tout mon cœur,

monsieur, reprit Liebmann, d'avoir accueilli ma
demande. Tout ce que je souhaite, c'est que mon
fils se conforme scrupuleusement à vos instructions, qu'il travaille avec zèle et exactitude, en un
mot, qu'il vous contente à tous égards.

V

Adolphe avait loué une petite chambre dans la
ville, et dès le lendemain matin il entra en fonction. Il recevait déjà au commencement une petite
paye, de sorte que ses parents n'auraient à lui
fournir mensuellement qu'un faible supplément.
Au bout d'un semestre de bonne conduite, sa place
lui serait assurée, et il pourrait alors suffire entièrement à ses besoins.

Sur la demande expresse de son père, Adolphe
avait obtenu l'autorisation de n'aller au bureau, le
dimanche, que jusqu'à dix heures. Il avait un certain nombre de collègues, s'il pouvait appeler ainsi
les employés, parmi lesquels il était le plus jeune.
Lorsque le chef s'absentait pour un certain temps,
le plus ancien de ces messieurs, qui se faisait alors
volontiers donner le titre de chef de bureau, ne
manquait pas de ressentir une soif inextinguible.
Adolphe, surnommé par ses camarades *tuyau
de plume*, devait alors se munir d'un épais portefeuille destiné à transporter les lettres et diffé-

rents papiers. Dans le fond de ce portefeuille on pouvait dissimuler une bouteille vide, et, en cas d'une rencontre fortuite avec le chef de gare, Adolphe avait la consigne de marcher d'un pas accéléré comme s'il était tout entier à ses fonctions. M. Müller, en effet, ne souffrait point qu'on fît de son bureau une tabagie : c'est pourquoi le grand portefeuille devenait dans ces occasions-là un précieux auxiliaire.

Adolphe se sentit mal à l'aise lorsque, pour la première fois, Köber l'envoya chercher de la bière à l'insu du *vieux*. Il tâcha de se tirer d'affaire en priant celui qui était au-dessus de lui par rang d'ancienneté de vouloir bien continuer à prendre cette peine, et il ajouta qu'il renonçait volontiers à la part qui lui avait été promise du régal. — Imbécile, répondit Schmidt, ne fais pas tant d'embarras ; c'est l'affaire du dernier venu ; je proposerai à la direction de changer l'article 11 du règlement de service, en le rédigeant comme suit : Le dernier employé a la charge d'approvisionner le bureau, de bière, de harengs, de sardines et autres denrées pour le déjeuner. Un rire général se fit entendre : Adolphe se résigna, et, prenant le portefeuille sous le bras, il alla à l'auberge la plus voisine, réfléchissant en chemin au nouvel article qui précisait avec tant de sollicitude les approvisionnements du matin.

La bière arriva sans accident dans les mains de

Köber, qui en donna un verre à Adolphe. Celui-ci le but au plus vite et se remit avec zèle à son travail, sans prendre part à la conversation animée qui roulait sur les nouvelles de la ville et de la gare.

VI

Le dimanche étant venu, Adolphe fut ponctuel et se trouva à huit heures à son poste, afin de pouvoir s'en aller à dix heures et se rendre à l'église, suivant une habitude qui lui était chère. Son collègue Schmidt était aussi au bureau, et, pendant un certain temps, on n'entendit que les plumes glissant sur le papier.

— Eh bien, Liebmann, commença-t-il, viendras-tu prendre une chope quand nous aurons fini notre travail ? A l'*Etoile* on trouve depuis quelques jours, de l'excellente bière.

— Merci, dit Adolphe ; à dix heures je veux aller à l'église ; d'ailleurs je n'aime pas à boire de la bière le matin : je n'en ai pas l'habitude.

— Petit imbécile, reprit l'autre en riant ! Ne sais-tu pas que l'église est l'affaire des vieilles femmes et de quelques têtes étroites ? C'est un péché de passer ainsi le dimanche, qui est fait : d'abord pour consommer, le matin, une ou plusieurs chopes, ensuite pour se livrer dans l'après-midi à divers amusements et passer quelques bonnes heures à la brasserie.

Adolphe, un peu déconcerté par les théories de Schmidt, prit son chapeau et se rendit au plus vite à l'église. Il éprouvait un sentiment confus d'isolement et d'abandon, que la participation au culte parvint à lui faire oublier.

La fréquentation du culte lui paraissait une partie essentielle de la vie, c'était ainsi que le considéraient ses parents, plusieurs de leurs amis et les enfants de ces derniers. Ici, au contraire, on se raillait de cette habitude comme si c'eût été une folie. Un poison subtil s'introduisait ainsi dans l'âme d'Adolphe.

Après le sermon, il fit une promenade dans les jardins de la ville. En pensant à ses camarades de bureau, il commença à craindre que leur société journalière ne lui fût point avantageuse au point de vue moral. Il aurait été heureux de pouvoir travailler seul, et il sentait que des remords de conscience seraient son partage s'il ne restait pas vainqueur dans ses luttes avec ses collègues. Jamais il ne comprit mieux qu'alors ce que signifiaient les avertissements multipliés de ses parents et de ses maîtres, qui lui avaient dit de se préparer au grand combat de la vie, et l'avaient exhorté à ne jamais faiblir.

A midi, Adolphe alla dîner; puis, faisant un petit détour par les plus belles rues, il regagna sa chambrette, où il chercha à se distraire en lisant un des livres qu'il avait apportés de la maison. Mais il ne put y tenir longtemps : toute tension intellectuelle lui était pénible ; il n'avait jamais été grand ami de la lecture, l'activité physique lui convenait mieux. Aussi, quittant sa chambre, il sortit de la ville, et se dirigea vers les ruines assez bien conservées d'un vieux château, entouré de sombres sapins et situé sur une colline à une petite heure de distance.

Adolphe arriva bientôt dans une belle forêt de hêtres. Quel contraste formait la verdure claire de ces arbres avec le sombre feuillage des sapins ! Une fraîcheur délicieuse régnait dans ce bois, mais il ne s'y arrêta pas, et gravit la portion la plus escarpée de la montagne ; après avoir traversé le bois de sapins, il parvint enfin dans le vieux château. Les cours intérieures étaient recouvertes d'une mousse épaisse qui invitait au repos. Adolphe tira de sa poche du pain et des fruits pour apaiser la faim qui commençait à se faire sentir, et il eut un moment de bien-être parfait dans cette atmosphère embaumée.

Après s'être reposé, il admira les fortes murailles, et s'approcha de la tour qui tombait en ruines de toutes parts. Du sommet de cette tour, Adolphe put jouir d'un magnifique panorama : il apercevait toute la ville et pouvait reconnaître la gare, théâtre de son activité. Un train venait de quitter la station, et, après avoir traversé la plaine, il longeait le pied de la colline en se frayant un chemin entre elle et la rivière : celle-ci ressemblait tantôt à de l'argent liquide, tantôt à un miroir réfléchissant l'azur du ciel.

Le soleil baissait sensiblement lorsque le jeune homme redescendit par un autre sentier : après une marche rapide, il atteignit les premières maisons de la ville, et, à un tournant de rue, il rencontra Köber et Schmidt.

Deux sentiments opposés s'éveillèrent chez Adolphe. Quoique peu amateur des promenades solitaires, il était cependant satisfait de voir enfin des figures connues ; d'autre part, il lui répugnait de rechercher Schmidt et Köber, sentant bien que des rapports fréquents avec ces deux hommes ne pouvaient que lui être funestes.

— Eh bien, qu'est-ce que le pasteur a dit de nouveau ? demanda Schmidt. As-tu aussi prié pour moi ?

— J'ai toujours eu l'habitude d'aller à l'église, répondit Adolphe comme pour s'excuser, et mes parents seraient fâchés si j'y allais moins régulièrement.

— Ainsi tu envoies chaque lundi un rapport à la maison, dit Köber, et tu y inscris consciencieusement tous tes faits et gestes ?

— Tu as bien deviné, remarqua Schmidt, j'ai vu un jour quelque chose de semblable entre les mains de Liebmann.

— Qu'as-tu vu ? allait dire Adolphe, mais Köber ne lui en laissa pas le temps :

— Laissez là ces disputes, et venez à *l'Aigle d'or* chercher des idées plus raisonnables.

Après une courte hésitation, Adolphe se décida à suivre ses collègues et, au bout d'un quart d'heure, ils se faisaient servir de la bière déjà pour la seconde fois. Köber tenait des cartes, et Adolphe déclara d'abord ne pouvoir jouer. Il pensait à l'horreur de son père pour les jeux de ce genre. Mais Köber lui expliqua les règles du jeu et fut assez honnête que de proposer de jouer d'abord pour rien : plus tard on mettrait une bagatelle comme enjeu.

Les trois joueurs, entrainés par le plaisir, perdirent toute notion du temps. Ils soupèrent à l'auberge et reprirent le jeu immédiatement après, en sorte que ce fut avec un étonnement mêlé d'effroi qu'Adolphe s'aperçut qu'il était minuit. Il éprouvait un peu de vague dans la tête, et avait un sentiment confus d'avoir agi autrement qu'on ne doit le faire quand on veut mener une vie rangée.

Peu de minutes après être rentré chez lui, il s'endormit d'un profond sommeil, et ne se réveilla que juste à temps pour courir à son bureau.

Un an s'était écoulé depuis l'entrée d'Adolphe dans son emploi, il était allé régulièrement à l'église, mais il n'apportait plus au culte public les mêmes dispositions que lorsqu'il vivait dans la maison paternelle.

Adolphe ne voyait guère que des employés du chemin de fer, et pendant toute cette année il n'en avait vu que rarement un ou deux à l'église.

Il ne pouvait se dissimuler la corruption qui régnait en général parmi ces hommes uniquement préoccupés de pensées matérielles. Adolphe reconnut le fait, mais n'y pensa pas davantage ; il ne s'aperçut point que cet état de choses provenait surtout de l'organisation des chemins de fer, si défavorable aux intérêts spirituels et moraux de ceux qui y travaillent.

VII

On était au printemps, et, dans peu de jours, Adolphe aurait vingt et un ans.

Pendant les six dernières années il avait fait de fréquentes visites à ses parents, dont il avait chaque fois subi l'influence bienfaisante. Les objets qui lui étaient familiers dans la maison paternelle, et les habitudes qui réveillaient ses souvenirs d'enfance, contribuaient à fortifier cette influence ; néanmoins la vie de ses parents lui paraissait trop sévère et trop régulière pour lui, jeune homme du temps moderne, engagé au service de la vapeur.

Il n'avait revu son parrain qu'une seule fois : lors d'une visite à ses parents. Elise avait beaucoup grandi : relevée depuis peu d'une fièvre nerveuse assez grave, elle jouissait maintenant d'une bonne santé, quoiqu'elle eût toujours les nerfs un peu délicats.

Adolphe avait été invité d'une manière pressante à venir fêter chez ses parents, l'anniversaire de sa naissance. On lui avait écrit que son parrain et Elise avaient promis de venir aussi. Le jeune homme, muni d'un billet de circulation, partit donc par un des premiers trains, et put bientôt reconnaître les endroits où jadis il était venu se promener avec ses parents et Julie ; puis au bout de quelques minutes la jolie petite ville de R. était en vue.

Tout lui souriait aux premiers rayons du soleil : les toits et les fenêtres lui semblaient d'anciennes connaissances. De loin, il aperçut son père et sa mère qui l'attendaient avec la famille Kremer sur le perron de la gare. Sa sœur lui parut avoir beaucoup grandi et à côté d'elle était une jeune fille qu'il ne reconnut pas tout de suite. Mais quand elle tourna le visage vers lui, le souvenir d'Elise Kremer et de ses beaux yeux bruns lui revint à la mémoire. Il la salua par un signe de tête, non sans rougir quelque peu, puis, sautant hors de la voiture, il serra la main à tous les siens et adressa quelques paroles flatteuses à Elise. Toute la société se dirigea vers la maison des Liebmann, où, après un certain temps donné à la causerie, on commença le solennel repas de fête.

Dans l'après-midi, ils allèrent chercher la rase campagne, comme les parents d'Adolphe le faisaient presque chaque dimanche, et ils se dirigèrent vers une charmante petite forêt, où, aussitôt arrivée, Julie trouva une place vraiment délicieuse. Les hêtres s'y mêlaient à la verdure plus sombre des sapins, tandis que les bouleaux aux feuilles argentées procuraient à la vue le plus agréable contraste. Afin qu'il ne manquât rien aux manifestations variées de la vie, on entendait à la fois le chant de joyeux oiseaux et le doux murmure d'une source. L'eau en était claire comme du cristal, au dire de Julie, et Elise se hâta d'y courir pour vérifier cette assertion. Naturellement Adolphe suivit les jeunes filles et les aida à puiser de l'eau. Lorsqu'il but ensuite au gobelet que lui tendait Elise, une pensée se présenta involontairement à son esprit. Si mes collègues me voyaient en ce moment, se dit-il, j'aurais sans doute bien des moqueries à endurer.

Quelques provisions et un peu de vin avaient été apportés par les soins de la mère Liebmann, et tout paraissait excellent dans cette atmosphère fraîche et embaumée et sur ce moelleux tapis de mousse. Quand le soleil commença à baisser, on se prépara à partir et, après une marche d'une heure et demie, la joyeuse société fut de retour à la maison.

Adolphe avait encore deux jours à donner à ses parents, avant de reprendre son travail habituel. Le troisième jour, au crépuscule du soir, il se trouvait seul avec les deux jeunes filles. Sa mère était sortie pour visiter une amie malade et le père Liebmann, accompagné de son ami, avait dû s'éloigner pour quelque affaire.

Dès qu'Adolphe avait revu Elise Kremer, un sentiment nouveau s'était élevé dans son cœur, sentiment dont il ne se rendait pas bien compte lui-même. Appuyé sur une table, il regardait Elise causant familièrement vers la fenêtre avec sa sœur Julie. Observant son profil si bien dessiné et ses mouvements gracieux, il cessa insensiblement de prendre part à la conversation. Ce qui n'avait d'abord été pour lui qu'un sentiment confus, s'expliquait maintenant : il aimait Elise.

Cette réflexion en provoqua une autre. Que serait-ce, si Elise répondait à son amour ! s'il pouvait l'avoir pour compagne dans quelques années, quand il aurait une place plus lucrative et qu'il serait en état de se mettre en ménage !

— Ce serait bien beau, dit-il involontairement à haute voix, — de sorte que les deux jeunes filles le regardèrent avec surprise, — ce serait bien beau, reprit-il pour donner un sens à cette exclamation, si mon congé durait encore huit jours, tandis qu'il me faut partir demain matin. Ce repos me serait fort agréable.

— Je te le souhaiterais aussi de tout mon cœur, dit Julie ; après un certain temps de travail assidu, le repos est bienfaisant pour le corps et pour l'esprit. Mais, ajouta-t-elle en regardant la pendule, il est temps que je pense au souper : sans cela nos hôtes auraient une triste opinion de la régularité qui règne chez nous.

— Ah ! répondit Elise, j'ai déjà bien souvent admiré ton expérience dans les soins du ménage, et je voudrais te ressembler sous ce rapport. Si tu veux, j'irai t'aider à la cuisine.

Elle préférait suivre son amie.

— Merci, Elise, c'est inutile que tu te donnes de la peine, et cela pourrait avoir de fâcheuses conséquences pour ta robe neuve. Excuse-moi un moment.

Et elle disparut comme une gazelle.

Adolphe dut forcément entretenir la conversation. Mais il s'y sentait aussi poussé par une impulsion intérieure, et, avant qu'Elise se trouvât embarrassée d'être seule avec lui, il sut lui parler d'objets indifférents et arriver enfin à ce qui lui tenait au cœur :

— Elise, dit-il, je voudrais te dire quelques mots, en particulier, avant que Julie revienne.

Et, comme si la rougeur qui monta au visage de la jeune fille eût agi puissamment sur lui, il continua toujours plus vite, mais non sans hésitation :

— J'ai pensé souvent à toi, depuis que je suis à

B., mais je me figurais toujours que tu étais encore une enfant, ce n'est que lorsque je t'ai vue avant-hier, que j'ai été détrompé. Dans peu d'années, je serai en âge de me marier, et je ne connais aucune jeune fille qui me soit aussi sympathique qu'Elise Kremer. Ne sois pas fâchée contre moi, ajouta-t-il en voyant qu'elle détournait la tête, je ne dis pas cela par flatterie : je sens bien que je ne suis pas digne de toi, mais je te promets de t'aimer comme jamais mari n'a aimé sa femme, si tu veux être à moi.

Adolphe se pencha vers Elise, et chercha à deviner une réponse dans ses yeux ; mais elle avait couvert son visage de ses deux mains, et sa poitrine se soulevait rapidement : cette question, la plus importante qui puisse se présenter dans la vie, lui avait été posée d'une manière trop soudaine.

Après être restée un moment assise, elle se leva et courut à la cuisine. Adolphe fut troublé de ce départ subit ; pour se donner une contenance, il déboucha une bouteille de bière, qu'il aperçut dans un coin, et se servit un verre qu'il but d'un seul coup. Alors, il entendit des pas sur l'escalier : c'était son père et son parrain qui rentraient, et bientôt une voix de femme annonça que sa mère arrivait aussi.

— Vous arrivez à point, dit Julie en sortant de la cuisine.

Elle était enveloppée d'un grand tablier, et sa

figure animée, ainsi que l'empressement qui se montrait dans tous ses gestes, offrait la plus agréable image. Bientôt, chacun s'assit autour de la table de chêne, couverte d'une nappe bien blanche, et l'on soupa avec appétit.

Mais ce jour devait prendre fin, ainsi que le congé d'Adolphe, qui avait repris goût à la maison paternelle ; un attrait plus puissant que l'affection de son père et de sa mère avait embelli, pour lui, ce séjour.

Il aurait volontiers parlé encore à Elise, le même soir, pour lui demander une réponse, ou au moins l'explication de son étrange conduite, mais il ne trouva aucune occasion de l'entretenir sans témoins.

Lorsque chacun eut gagné sa couche, des images, à la fois joyeuses et tristes, se présentèrent à l'âme d'Elise. Elle avait été arrachée tout d'un coup à son existence de jeune fille, exempte de soucis et même de profondes réflexions : entrant maintenant sur la scène de la vie réelle, elle comprenait tout le sérieux de sa position, car elle se doutait, d'après ce qu'elle avait lu et entendu, que cette existence nouvelle pourrait être pénible. Aussi avait-elle encore les yeux ouverts et pleins de larmes, lorsque minuit sonna.

VIII

Le lendemain Adolphe n'avait plus beaucoup de temps disponible : à dix heures passait le train qui devait le ramener à ses occupations. Il eut cependant l'occasion de se trouver seul avec Elise après le déjeuner de famille.

— Elise, dit-il aussitôt, tu sais que je vais partir. Je te dis encore *tu*, quoique nous ne soyons plus des enfants. Ne m'en veux pas. Veux-tu me donner une parole encourageante pour ma route ? Hier soir je n'ai pu me rendre compte si je dois espérer ou... Et il s'interrompit subitement, une pensée venait de traverser son esprit : Mais tu as peut-être déjà donné ton cœur à quelque autre ; dans ce cas, dis-le moi tout de suite.

— Non, non, il n'en est rien, répondit-elle ; seulement...

— Oh ! alors tout va bien, je craignais déjà. Veux-tu donc être à moi, chère Elise ? Je n'ai pas beaucoup à t'offrir, mais nous mènerons une vie simple et heureuse et tu ne manqueras de rien.

— Adolphe, vous vous montrez si bon et si affectueux, que j'en suis vraiment confuse. Votre proposition si inattendue m'a déconcertée, et je ne puis me décider déjà aujourd'hui. Permettez-moi de vous envoyer ma réponse par écrit.

Elle avait dit ces mots en hésitant et d'une voix à peine perceptible. Après un moment de silence, elle continua tout aussi doucement : C'est une chose bien grave de se décider pour toute la vie ; il ne faut point y mettre de précipitation. En tout cas, j'espère que vous garderez un bon souvenir de moi et que vous ne serez pas fâché !

Je saurai bientôt ta décision, n'est-ce pas, Elise ? permets-moi alors de t'écrire de temps en temps.

— Vous n'aurez pas à vous plaindre d'un trop long délai. Elle s'arrêta court et baissa les yeux en rougissant devant le regard d'Adolphe qui exprimait tant d'amour.

Des voix qui s'approchaient se firent entendre, et Elise se glissa dehors.

— Adolphe, il sera bientôt temps de te préparer, dit son père en entrant. Mais encore un mot sur une affaire sérieuse. Je vois bien que tu as de la sympathie pour Elise. — Le jeune homme baissa les yeux avec quelque embarras. — Et elle de son côté ne semble pas mal disposée pour toi ; mais tu es encore jeune et tu sais qu'il faut offrir à sa femme une existence assurée. Ta place actuelle n'est pas assez lucrative ; efforce-toi de te faire une position, si tu te voues décidément aux chemins de fer ; seulement je ne voudrais pas te voir entrer dans le personnel des trains. Cela m'enlève toute ma gaîté de voir ces employés poursuivre jour après jour leur fatigant travail. Le dimanche est pour eux comme un autre jour ; ou ils ont leur service, ce jour-là, ce qui arrive neuf fois sur dix, ou ils passent la journée soit à dormir, soit à l'auberge. Mais il est temps de partir. Porte-toi bien et surtout reste fidèle à ton Dieu. Attache-toi au Sauveur et à sa Parole, et fréquente le culte ; tu en as besoin dans ce monde corrompu : crois en mon expérience.

Adolphe fit de tendres adieux à sa mère. Il est à peine besoin d'ajouter que le cœur de celle-ci était rempli de sollicitude pour son fils, et que ses yeux se mouillèrent au moment du départ.

IX

Une heure après, emporté par la vapeur au travers de la plaine, Adolphe s'approchait de B. A son arrivée, il dut aussitôt commencer le travail qui s'était accumulé pendant son absence, ce qui l'absorba complétement pendant quelques jours. Toutefois, en prenant sur son sommeil, il trouva le temps d'écrire à Elise une longue lettre.

Quinze jours plus tard, il fut rempli à la fois de joie et d'inquiétude en recevant une missive portant le timbre de A. En quelques secondes il l'eut parcourue. Voici quel en était le contenu :

Cher Adolphe !

Je puis te nommer ainsi et laisser de côté le *vous* pour m'entretenir familièrement avec toi. Tes lignes m'ont beaucoup réjouie en me montrant que tu ne m'avais pas oubliée. Pendant ces quinze jours, j'ai beaucoup réfléchi à ce que contient ta lettre et à ce que tu m'avais dit chez tes parents. Dieu seul connaît l'avenir : nous cherchons en vain à en percer les ténèbres de nos regards ; un voile épais nous environne de tous côtés ! Je t'estime au plus haut point, et si ce sentiment par lequel je te mets au-dessus de tous les jeunes gens que je connais est bien de l'amour, c'est un amour sincère que je t'offre. Je te confie mon avenir et tout ce qui me concerne. Je te remercie du fond du cœur de ton affection qui me rend très heureuse ; mais je sais que le moment de notre réunion définitive est encore éloigné : bien des raisons, et surtout notre grande jeunesse, le retarderont. Cependant tout désagrément a ses avantages : Il faut voir les choses philosophiquement, comme je l'ai lu une fois, passer rapidement sur les mauvais côtés et ne considérer que les bons. Cela nous serait-il trop difficile ? Nous regarderons, cher Adolphe, les années d'attente comme un temps qui doit mettre à l'épreuve la sincérité de notre affection. On se fait si souvent illusion que c'est un grand bonheur quand on a le temps de voir qu'on s'était trompé et qu'on peut encore se dédire.

Mais Dieu, qui a rapproché nos cœurs, nous protégera. Sans sa volonté, il ne tombe pas un cheveu de notre tête : C'est donc au Seigneur que je veux me confier. Porte-toi bien et réjouis bientôt par une réponse celle qui t'aimera toujours.

ELISE.

Adolphe mit lentement la lettre dans sa poche en pensant qu'il ne lui serait pas difficile de rester dans le bon chemin, s'il avait Elise à ses côtés.

X

Le lendemain était un dimanche, et vers dix heures, Adolphe se rendit à l'église dans une disposition de recueillement et de paix qui ne lui était pas habituelle. Elise voudrait certainement aller avec lui au service divin, tous les dimanches : l'après-midi, ils feraient ensemble une promenade, et les beautés de la nature contribueraient à entretenir dans leur cœur la paix et la joie.

Une correspondance régulière s'établit entre les deux fiancés. Adolphe avait toutefois un poids sur le cœur : il approchait de ses vingt-trois ans, et il n'avait encore qu'une place provisoire qui ne lui permettait pas de songer à l'établissement d'un ménage.

Plus d'une fois il avait prié le chef de gare, de l'aider à obtenir une place plus stable dans l'administration des chemins de fer, pourvu que ce ne fût pas dans les trains, et son supérieur lui avait promis qu'on ne l'oublierait pas.

Mais aucun changement n'étant survenu, il parut évident que le sieur Müller ne remplacerait pas volontiers Adolphe dans un travail auquel celui-ci était complétement habitué.

Aussi le contentement qui était la disposition habituelle d'Adolphe dans ces dernières années, fit place à une sorte de tristesse, un sombre nuage se voyait souvent sur son front.

Un jour, un conducteur de train lui raconta que, par suite de l'établissement d'un nouveau service, plusieurs places d'employés, dans le mouvement, allaient être créées. Adolphe ne fit d'abord pas grande attention à cette nouvelle, mais, en y réfléchissant, son ancienne prédilection pour les trains se réveilla.

— Est-ce que ces places sont toutes pourvues ? demanda-t-il avec intérêt.

— Autant que je puis le savoir, les nominations ne sont pas encore arrêtées. Pourquoi le demandez-vous ?

— Eh bien, je veux aussi me présenter. Je suis las de cette position incertaine dans le bureau, et ce genre de travail ne me conviendrait pas pour toujours. Vous avez, vous, une vie bien plus agréable, et en outre une existence assurée.

Adolphe chercha le plus tôt qu'il put à avoir un entretien avec le chef de gare, pour lui exposer son nouveau désir en réclamant son appui. Comme il venait de s'expliquer, l'inspecteur de la ligne entra dans le bureau : Adolphe lui présenta sa demande et s'éloigna.

Grâce aux bons services qu'il avait rendus à

M. Müller pendant bien des années, celui-ci parla aussitôt en sa faveur, de sorte que l'inspecteur ayant pris connaissance des antécédents du jeune homme, promit que sa demande serait prise en sérieuse considération.

Adolphe apprit cette réponse avec une grande joie, qui redoubla encore lorsque, huit jours après, il reçut sa nomination de serre-frein ; c'était un poste d'épreuve pour un trimestre seulement, mais la lettre se terminait par la promesse consolante qu'il serait bientôt élevé au rang de contrôleur, si l'on était content de lui.

Le visage d'Adolphe était rayonnant : toutefois une pensée accablante ne tarda pas à s'emparer de lui. Il revit en imagination les lieux de son enfance et la maison paternelle ; il se souvint de la répugnance qu'avait son père pour cette « vie de nomade, » comme il disait. Il se passa la main sur le front, cherchant à évoquer une image d'avenir heureux et sans ombre ; mais ce fut en vain : il voyait toujours en pensée son père recevant la lettre qui lui annonçait son changement de vie ; il le voyait froncer les sourcils et prendre plusieurs prises de tabac, comme il en avait l'habitude dans tous les cas embarrassants, puis appeler sa mère et un long entretien s'engageait entre eux. Adolphe en connaissait d'avance le résultat : du côté de son père un grave mécontentement, du côté de sa mère l'inquiétude et le pardon.

XI

Le dimanche suivant fut libre pour Adolphe, car la veille au soir il avait fini son travail au bureau, et il devait commencer le lundi matin son nouveau service.

En regardant par la fenêtre, il vit un des secrétaires de la direction, avec lequel il avait été quelquefois en rapport pour les affaires de la gare. C'était un jeune homme de dix-neuf ans, de taille moyenne et d'apparence délicate, mais dont le regard était extrêmement animé.

— Eh bien, monsieur Körne, où courez-vous si vite ? lui cria Adolphe.

— Je vais à l'église; n'y venez-vous pas aussi ? Je vous y ai vu dimanche dernier.

— Oui, je compte bien y aller, et je serai très content de jouir de votre compagnie, si vous voulez bien m'attendre un instant.

Il ferma rapidement sa fenêtre, revêtit une redingote noire et, quelques minutes après, ils étaient tous deux en route pour l'église.

Körne était un auditeur assidu du culte public, et, malgré sa jeunesse, il menait une vie exemplaire. Il avait été un des meilleurs élèves du gymnase, mais, parvenu jusqu'à la seconde classe, il avait dû, à son grand regret, quitter les études, quoiqu'il ne cessât pas de travailler par lui-même à acquérir une culture plus complète. Il espérait en secret pouvoir dans deux ans subir l'examen de maturité : la Providence lui fournirait ensuite, pensait-il, les moyens de se rendre à l'université et d'y fréquenter les cours pendant quelques années.

En sortant de l'église, les deux jeunes gens firent un détour par les promenades publiques jusqu'à l'auberge, où ils prirent leur repas ; puis Körne proposa à Liebmann une promenade en pleine campagne. Adolphe eut alors l'occasion d'admirer chez son compagnon ses connaissances variées en histoire naturelle, et l'intérêt avec lequel il observait tout ce qui frappait ses yeux. Il était un peu confus en pensant comment la semence jetée à l'école peut être différemment reçue suivant le terrain où elle tombe : ici on la considère comme un tourment, là comme un bienfait.

Toutefois, Liebmann fut bientôt délivré de cette humiliation salutaire : il rencontra un de ses futurs collègues et profita de l'occasion pour s'enquérir un peu de son nouveau service ; prenant donc congé de Körne, il fit route avec le nouveau venu.

Le lundi soir, lorsque Adolphe revint de sa première course, il se mit à écrire à Elise une longue lettre pour lui annoncer le changement survenu dans sa vie. Il s'exprima avec joie sur la suppression des obstacles qui s'opposaient à leur union : il voyait enfin venir le temps heureux où, en rentrant de son service, il trouverait dans sa propre maison sa bonne et fidèle femme.

Une seconde lettre fut adressée au père d'Elise, et, le mercredi, il écrivit à ses parents comment il en était venu à changer d'occupation. Il les priait de ne pas s'irriter de ce qu'il avait pris cette place malgré leur répugnance pour un pareil emploi. L'incertitude prolongée de sa position et le goût décidé qu'il avait pour le service de la ligne, ne lui avaient pas permis de laisser échapper une place avantageuse. Ils finiraient sans doute par lui donner aussi leur approbation.

Huit jours après Adolphe reçut la réponse de son père.

« Nous avons lu, écrivait-il, la nouvelle du « changement sérieux survenu dans ta carrière. « Tu sais que j'aurais préféré pour mon fils un « état manuel honorable. C'est là que les anciennes « mœurs allemandes et les bonnes habitudes se « sont conservées au milieu des déréglements du « temps présent, bien que le poison de la paresse « et des plaisirs exagérés ait cherché à s'y intro- « duire aussi.

« Ce n'est pas avec plaisir que je t'ai vu devenir « un des employés de l'administration des chemins « de fer ; mais je n'aurais surtout jamais voulu te « voir entrer dans le service des trains. Ce service « assujettissant, qui ne garantit pas même le repos

« du dimanche, doit exercer peu à peu une in-
« fluence démoralisante sur les employés ; cela est
« inévitable. Garde-toi donc, mon cher Adolphe,
« des funestes entraînements que réprouvera ta
« conscience. Que tes yeux et ton cœur soient
« dirigés en haut. Nous implorons, ta mère et moi,
« la bénédiction du Seigneur sur, toi et sur ton
« travail. »

Le père abordait ensuite un autre sujet. Sa
femme et lui avaient désiré depuis longtemps voir
Adolphe et Elise se donner l'un à l'autre. Aucune
belle-fille ne pouvait leur être plus chère ; ils l'ai-
maient presque autant que leur enfant, et ils ap-
préciaient au plus haut point sa droiture et sa
modestie. Le choix d'Adolphe les avait donc complétement satisfaits.

La mère ajoutait encore quelques simples paroles venant dù cœur et s'adressant au cœur.

Après avoir lu sa lettre, Adolphe songea à
l'avenir qu'il peupla de joyeuses images, telles
qu'on peut se les figurer à son âge et dans sa
position.

Un échange de lettres très actif commença entre
Adolphe, Elise et les autres membres des deux
familles, car il s'agissait des fiançailles, que l'on
célébrerait dans quinze jours, Adolphe ayant
maintenant une place convenable et assurée.

Il attendit avec impatience ce jour de fête, où,
débarrassé de son uniforme et vêtu en civil, il se

transporta à toute vapeur vers la demeure de sa fiancée.

La fête fut simple, mais touchante. Des amies d'Elise, d'anciens camarades d'école d'Adolphe, les amis et les connaissances des deux familles étaient réunis, et, lorsque le soleil se coucha, la plus joyeuse cordialité régnait encore dans la réunion. On avait chanté ces belles mélodies allemandes, toujours si chères aux cœurs bien disposés, et qui font pleurer d'émotion ceux qui reviennent dans la patrie après une longue absence. Il y eut des toasts, des discours gais et sérieux, des jeux de société, et la nuit était déjà avancée lorsque le père Liebmann, si régulier dans ses habitudes, avertit ses hôtes qu'il fallait songer au repos.

XII

Les premiers temps de son nouveau service parurent difficiles à Adolphe ; il dut s'avouer que ses espérances n'étaient pas entièrement réalisées, et que sa vocation présentait encore bien des côtés sombres.

Toutefois il jouissait, avec un petit nombre de ses collègues, d'un grand avantage, inconnu à la plupart des employés. Le groupe dont il faisait partie avait par extraordinaire un jour de repos sur sept, et, ce qui est encore plus rare, ce jour de congé tombait sur le dimanche. Adolphe en fut extrêmement réjoui, plus encore pour ses parents que pour lui-même.

Cependant le jour qu'il avait choisi, de concert avec ses parents et sa fiancée, pour la célébration de son mariage, approchait de plus en plus. Ce fut par un beau dimanche d'été, alors que le cœur et les sens sont contraints d'avouer que les œuvres de Dieu sont bien belles, que le joyeux cortège se dirigea vers l'église.

Elise était charmante : elle possédait cette solidité de caractère qu'on rencontre fréquemment chez le peuple allemand. La veille au soir, en s'agenouillant devant son Père céleste, elle avait bien compris toute l'importance de cette journée. Elle était pénétrée d'émotion en songeant à ses parents, à ses amies, qu'elle allait quitter, à ses heureux jours d'adolescence qui ne reviendraient plus, et à la gravité des devoirs qui lui incomberaient, et pour lesquels elle aurait besoin de toutes ses forces : elle n'avait d'autre refuge que son affection pour Adolphe et l'assurance qu'elle serait payée de retour, pensée qui, depuis quelque temps, l'avait rendue si heureuse. Des larmes venaient mouiller ses paupières, et toutes ses pensées se résumaient en une pleine soumission à la volonté divine.

Avec l'aide de Dieu, elle pourrait affronter les chagrins, les soucis, les misères de l'existence, et supporter les plus dures vicissitudes de la vie.

En quittant l'église, on se rendit à la maison, où les heures joyeuses de la noce s'écoulèrent bien vite. Le même soir, les nouveaux époux prenaient le dernier train pour B., où grâce aux soins prévoyant de la mère d'Elise, leur demeure était prête à les recevoir.

Une heureuse vie commença pour le jeune couple. Dans la semaine, Adolphe était occupé presque toute la journée et même une partie de la nuit, de sorte que la solitude paraissait quelquefois bien triste à Elise, mais son bonheur était complet quand venait le dimanche : ils allaient alors ensemble à l'église, et, au retour, la jeune ménagère s'occupait du dîner au milieu de causeries pleines d'abandon.

Cette vie à deux, si calme et si heureuse, ne devait être que trop tôt troublée.

XIII

Dans une soirée d'été remarquablement belle, trois semaines après leur mariage, Elise attendait joyeusement Adolphe, qui devait rentrer ce jour-là à huit heures et demie.

La tiédeur de la température attirait tout le

monde en plein air : aussi les rues étaient-elles animées, et un grand nombre de bourgeois, assis devant leurs maisons avec leurs femmes et leurs filles, jouissaient en paix de cette agréable soirée.

Les petits enfants déjà endormis, s'entretenaient sans doute en rêve avec de beaux anges, mais les écoliers des deux sexes, se pressaient encore dans les rues et sur la grande place au centre de la ville ; leurs cris animés et joyeux se faisaient entendre bien loin.

Ici, une longue chaîne de garçons et de filles, jouaient aux brigands, et se précipitaient avec impétuosité sur ceux des voleurs qui étaient encore libres ; il n'y avait pas moyen d'échapper. Le petit Paul, garçon joufflu de huit ans, faisait tous ses efforts pour ne pas avoir le triste sort de passer du rang de voleur à celui de gendarme. La longue chaîne s'étendait comme les bras d'un polype, l'enserrait de plus en plus ; enfin le garçon qui occupait l'extrémité de l'aile gauche, le saisit par sa jaquette, et il y eut un brigand de moins. Paul prit place au bout de la chaîne avec la conscience d'avoir sauvé son honneur, et il mit dès lors tout son zèle à ses nouvelles fonctions.

Là, une autre petite troupe, qui joue à colin-maillard, ne fait que rire des vains efforts de l'aveugle pour saisir un de ses compagnons. Un des plus hardis lui enlève son bonnet, et l'aveugle, croyant saisir le coupable, ne reprend toutefois que l'objet dérobé.

Ailleurs, sur un pavé bien aplani, quelques garçons de sept ans se livrent à leur jeu favori, les billes. L'un d'eux, assis contre la porte de la maison voisine, tire des poches rebondies de son pantalon, toutes les billes qu'il vient de gagner. Ses yeux brillent de joie en voyant le tas s'augmenter de plus en plus. Et combien n'y en a-t-il pas de superbes dans le nombre ! Il n'en a jamais possédé une en aussi beau marbre rouge, et cette agate bleu-clair, d'une grosseur rare, lui servira désormais de but.

Le petit homme ne pensera-t-il pas bientôt à rentrer à la maison ? Sa mère ne l'a pas encore appelé : Charles est obéissant et se rendra au logis, aussi vite que ses petites jambes le lui permettront. Il regarde autour de lui et voit, avec satisfaction, que sa petite sœur est encore occupée, avec quelques amies, à jouer à la balle et aux osselets.

Huit heures et demie viennent de sonner à l'horloge voisine.

Devant une des maisons, parmi les groupes de causeurs, on remarque aussi une jeune femme. Elle coud avec activité, mais jette de temps en temps un regard vers l'extrémité de la rue. Elle attend quelqu'un, évidemment, et ce ne peut être que son mari, à en juger par l'impatience pleine d'affection qui se lit sur son visage.

Nous avons reconnu Elise : bientôt ses yeux brillent, car elle a vu Adolphe tourner le coin de la rue, d'un pas plus précipité que de coutume. Elle se lève et prend congé de ses voisines : Adolphe s'étant approché et ayant aussi salué ceux qui étaient assis, elle lui tend la main et le suit à la maison. L'expression d'Adolphe lui parut un peu sombre ; sans doute, il avait eu quelque contrariété. Elle ne se trompait point.

Lorsqu'ils furent chez eux, Elise lui demanda avec timidité, s'il ne lui était rien arrivé d'extraordinaire.

— Il n'est pas étonnant, répondit le jeune homme, qu'on soit de mauvaise humeur avec de pareilles nouveautés. Jusqu'à présent, quand je me réveillais le dimanche, j'étais bien heureux en pensant que je pouvais me restaurer le corps, l'âme et l'esprit, et que toute la journée m'appartenait !

— Tu m'effrayes, Adolphe ; n'en sera-t-il pas toujours ainsi ? Est-ce que ton service sera changé ?

— C'est déjà fait, et dans trois jours commence mon nouveau service. Par suite de l'ouverture d'un embranchement, on a augmenté le nombre des trains, mais pour ne pas avoir de nouveaux employés à payer, on ne nous donne plus qu'un jour de repos sur neuf. Avec ce système, nous n'aurons qu'un dimanche libre au bout de neuf semaines, et encore avec l'obligation de faire le service d'un train extraordinaire, quand il y en aura ce jour-là.

Adolphe se tut, et sa femme, qui s'était assise, regardait tristement le plancher. Ces quelques semaines avaient été bien belles, en comparaison de ce qui les attendait.

XIV

Repos et paix du dimanche! Les employés des postes et des voies de transport doivent-ils en être privés ? Tandis que les fidèles se rendent à l'église, un facteur monte quatre étages pour délivrer une lettre, et un autre emmène à la gare le chariot jaune du service postal. Dans les chemins de fer, le dimanche ne se distingue que par un nombre plus considérable de voyageurs, et une longueur plus grande des trains de marchandises expédiées en abondance le samedi.

L'employé des voies ferrées regarde ce spectacle avec tristesse : il entend le son des cloches et voit que tout a un air de fête. Une magnifique après-midi attire vers les forêts et les hauteurs une foule de gens endimanchés, qui respireront plus à l'aise en considérant de loin la ville, les villages, les bois, les champs et le ruban argenté de la rivière.

Le soir, lorsque l'atmosphère bienfaisante de la

forêt aura emporté par son souffle vivifiant tous les soucis journaliers, les promeneurs couronnés de feuillage reviendront en ville et pourront reprendre le lendemain leur travail avec entrain et contentement.

Mais l'aiguilleur dans sa rude besogne, l'employé de la station, le télégraphiste et tous ceux qui forment le personnel des trains, comprennent la joie du repos hebdomadaire qui leur est toujours refusée, et se demandent souvent qui leur rendra le dimanche.

Londres, cette métropole du commerce, n'a point de levées ni de distribution de lettres le dimanche. Les Anglais ferment leurs comptoirs et laissent reposer leurs plumes, ce qui ne les empêche pas de prospérer dans une bien autre mesure que les Allemands dont le travail n'a pas d'interrruption.

Pour Adolphe et Elise, ce jour venait d'apporter un grand changement dans leur vie conjugale : ils ne pouvaient plus être heureux ensemble le dimanche. La semaine précédente, après avoir été au service divin et avoir achevé joyeusement leur repas de midi, ils étaient sortis de la ville et s'étaient acheminés vers la forêt, cette maison de Dieu, construite sans le secours des hommes, qui peut, elle aussi, inspirer un saint recueillement. Foulant aux pieds les tapis de mousse, le long des gracieux fourrés, formés par toutes sortes de plantes vertes, ils n'avaient pas tardé à apercevoir une grande quantité de fraises. Elise échappant au bras d'Adolphe et oubliant sa dignité d'épouse pour retrouver l'occupation favorite des jeunes filles, se précipita sur les places qui lui semblaient les plus rouges.

— Ah ! s'écria son mari, comme il fait bon ici. Nous n'aurions pu choisir une meilleure place dans toute la forêt. Il faut nous y établir et consommer nos provisions ; nous arriverons toujours assez tôt à la maison du forestier.

Cette proposition fut comme une douce musique aux oreilles d'Elise ; élevée à la campagne, elle ne se sentait jamais plus heureuse qu'au sein de la nature.

Adolphe avait choisi une jolie retraite à moitié cachée par les branches d'un noisetier, et s'était couché sur l'épais tapis de mousse. Après s'être abandonné quelques instants à ce repos délicieux, il appela Elise afin qu'elle se rapprochât de lui, et mit au jour tout ce que renfermait son panier.

Elle arriva, les joues toutes colorées par l'exercice qu'elle avait pris et par l'air vivifiant de la forêt. Elle avait déjà cueilli une grande quantité de fraises sauvages, petites mais savoureuses. Elle en offrit à Adolphe, qui lui en laissa le plus grand nombre.

— Oh ! dit-elle, je porterai ces fruits à la petite Irma de Brause ; je puis ainsi lui faire une grande joie. Laisse-moi en cueillir encore un peu : je ne suis pas fatiguée et je serai si contente de faire une surprise à cette petite !

Elle se remit donc à l'ouvrage avec plus de zèle qu'auparavant. Bien que ses poches fussent pleines, elle était toujours attirée à droite ou à gauche par quelque place bien fournie, ou par quelque fraise d'une grosseur peu commune.

Une demi-heure après, les deux époux quittaient ce lieu de repos pour se diriger vers la maison du garde, but de leur promenade. Cette maison est joliment située dans une clairière de la forêt : au-devant s'étend une jolie prairie, et, de l'autre côté, passe un torrent qui bondit en mugissant sur les cailloux ; plus bas, à une place où le lit est plus large et l'eau plus tranquille, on voit nager les canards du garde-forestier.

Dans la prairie est attachée une chèvre, qui semble vouloir étendre toujours plus l'espace qui lui est offert et n'être pas d'accord avec son maître sur la manière de la lier. Bientôt le fils du forestier, garçon de onze ans, vient mettre fin à tous les soucis de l'animal en détachant la corde et permettant à la chèvre de pâturer à son gré sous sa surveillance.

On voit ensuite s'approcher une autre bête à corne : c'est un jeune bélier, suivi fidèlement par deux agneaux. Conformément à son instinct, il court vers le jeune Oscar dès qu'il l'aperçoit, s'arrête à quelques pas de lui, puis se précipite tête baissée sur le jeune garçon qui, préparé à cette attaque, fait sentir à l'animal la force de ses mains. Pendant ce temps, les deux agneaux, dont l'un porte un ruban blanc autour du cou et l'autre un ruban rouge, ne cessent de bêler et de faire tinter leurs clochettes.

Ainsi la demeure forestière présente un charmant tableau champêtre : il n'y manque pas même le cortége des poules, accompagnées de quelques jolis poussins et précédées d'un coq à la démarche majestueuse.

Pour compléter ce joli spectacle, des pigeons s'empressent de venir prendre les grains et les miettes de pain que leur distribue Liddy, la petite sœur d'Oscar, âgée de six ans. Ces oiseaux sont ses favoris, et il n'y a pas d'être vivant chez le forestier qui se montre aussi amical pour la petite fille. Ils se serrent devant elle, jusque sous ses pieds, et l'une des deux petites tourterelles qui appartiennent en propre à Liddy, vient se poser sur son épaule pour piquer le morceau que la jeune fille tient dans sa bouche.

Dans la semaine, tout est fort tranquille autour de cette habitation, car personne ne vient s'y promener, et le forestier lui-même est presque toujours absent; mais le dimanche, quand il fait beau, les gens de la ville se sentent attirés vers la forêt, et la plus grande animation règne dans cette prairie, dont un côté est garni de tables et de bancs grossiers.

Liddy voit alors beaucoup d'enfants de la ville, fait connaissance avec eux et participe à leurs ébats au milieu des arbres.

On peut d'ailleurs se rafraîchir ici à son gré. La plupart des visiteurs se contentent d'un verre de lait tout frais, mais on y trouve aussi de bonne bière et des vins de choix.

Bientôt on voit sortir d'un fourré nos deux époux, qui se donnent le bras ; leur visage est rayonnant de plaisir, et ils saluent amicalement quelques-unes de leurs connaissances parmi les hôtes nombreux déjà assis sous les arbres. Ils cherchent un endroit bien ombragé et se rafraîchissent à leur tour. C'est la première fois qu'Elise vient ici, et ce coin de terre lui paraît remarquablement beau : elle se croit presque chez ses parents, car la gare qu'ils habitent à A. est située à la lisière d'un bois où Elise a passé bien des heures de sa jeunesse, et dont le souvenir est ineffaçable.

Le soleil approchait déjà de l'horizon, lorsque Adolphe et Elise se remirent en marche ; quand ils sortirent de la forêt, les derniers rayons du jour illuminaient de leurs reflets dorés la ville, la rivière et les prairies.

Après avoir pris leur souper à la maison, les jeunes époux s'assirent encore pour quelques instants devant la porte, afin de causer avec les voisins et de respirer l'air frais du soir. Lorsque dix heures eurent sonné, ils gagnèrent leur couche, le cœur paisible et content.

C'est ainsi qu'ils avaient passé ce dimanche, heureux de ce que, après six jours de labeur, ils avaient pu jouir d'une journée aussi bienfaisante.

XV

Et maintenant? Une main téméraire a violé le sanctuaire de la famille. Dans la vie d'Adolphe, il y aura désormais des lacunes, il en sera de lui comme d'une locomotive lancée sur des rails mal assujettis, à chaque instant elle peut dérailler et entraîner à sa suite tous les wagons dans l'abime.

Adolphe commença son nouveau service un vendredi, et, dès lors, il fut hors de chez lui bien plus de temps que par le passé. Sur neuf jours consécutifs, il y en avait quatre durant lesquels il ne pouvait rentrer à la maison, deux dans lesquels il ne revenait qu'après minuit, deux enfin où il fallait, au contraire, se lever bien avant le jour. Son premier jour de repos tomba sur un samedi: il rentra de bon matin, tout gelé, après avoir voyagé toute la nuit. Elise, déjà levée, avait allumé la lampe et le feu pour préparer à son mari une bonne tasse de café.

Adolphe se livra ensuite au repos, et ne s'éveilla que lorsque Elise l'appela, à contre-cœur, mais d'après son désir formel, pour l'heure du dîner.

Le lendemain, c'est-à-dire le dimanche, il partit à trois heures du matin. Prenant congé d'Elise, qui s'était déjà levée avant lui, pour remplir ses devoirs de ménagère, et qui voyait avec tristesse poindre l'aurore du dimanche, il se plongea bientôt dans un brouillard humide, après avoir encore pressé sa femme de se coucher de nouveau ; ce qu'elle fit, non sans soupirer, dès qu'elle n'entendit plus le bruit de ses pas.

Lorsque les cloches firent entendre leur tintement harmonieux, Elise prit son livre de cantiques, ferma son appartement et se dirigea vers l'église, faisant seule le chemin qu'elle avait parcouru huit jours auparavant au bras de son mari et avec de tout autres sentiments.

Le pasteur avait choisi le repos et la sanctification du dimanche comme sujet de son discours, et il montra avec chaleur l'importance de ce commandement de Dieu. Lorsqu'il eut mis en lumière toutes les tendances pernicieuses qui combattent aujourd'hui le repos du saint jour, Elise eut une espèce de saisissement, car elle n'avait jamais aussi bien compris la gravité de ce sujet. Dès son enfance, la fréquentation de l'église avait été pour elle un besoin du cœur : si elle avait été forcée de ne plus offrir dans le culte public ses prières et ses actions de grâces à son Père céleste, tout son bonheur aurait été ébranlé.

En réfléchissant au changement survenu dans le travail d'Adolphe et, par suite, dans leur vie domestique, Elise envisagea l'avenir avec plus de découragement encore. Des pressentiments confus vinrent accabler son cœur ; toutefois, lorsque, en achevant sa prière, elle murmura à demi-voix ce passage : *Déchargez-vous sur Lui de tous vos soucis*, elle sentit de nouveau une paix céleste la délivrer de toutes ses angoisses.

XVI

La jeune femme demeura seule chez elle l'après-midi, pensant à la maison paternelle, à son père et surtout à sa mère chérie.

Au retour de sa promenade du dimanche précédent, Elise avait trouvé à la porte de la maison la petite Irma, la plus jeune des deux filles de M. de Brause, inspecteur des postes, qui habitait le premier étage ; elle avait fait monter l'enfant chez elle, et lui avait donné des fraises avec du sucre et du lait. Irma, qui était très attachée à la jeune femme, l'avait remerciée par un baiser ; là-dessus, la mère de la petite était venue la chercher pour la faire mettre au lit, et Irma, obéissant

quoique à regret, avait pris congé de sa chère
« tante Elise, » comme elle l'appelait.

Aujourd'hui, Elise venait d'ouvrir machinalement un livre ; ses pensées étaient avec ses parents ; elle dut donc faire un effort pour se plonger
dans sa lecture et rompre le fil de ses préoccupa-
tions.

Elle avait entre les mains *Ekkehard*, de Scheffel,
et il lui semblait n'avoir jamais rien lu qui repro-
duisît si fidèlement les secrets mouvements du
cœur. Elle était absorbée dans sa lecture, quand
un pas d'enfant à la porte la rappela à la réalité ;
un éclair de joie illumina ses traits, car elle reconnaissait bien celle qui s'approchait. Elle ouvrit
aussitôt, et la petite Irma lui demanda de sa voix
argentine si elle pouvait entrer. Elise l'enleva dans
ses bras et l'embrassa avec plus de tendresse qu'à
l'ordinaire ; elle se sentit à l'instant toute transfor-
mée, comme si cette enfant apportait avec elle une
atmosphère de joie et de bonheur. Une femme qui
pressent déjà, si elle ne les a pas éprouvées, les
joies de la maternité, pouvait seule témoigner à la
petite Irma une affection si tendre, et s'identifier
avec les pensées de l'enfant.

La fillette trouva, naturellement, quelques frian-
dises qui lui avaient été réservées ; cependant, ce
n'était ni la jouissance matérielle, ni la joie de recevoir quelques petits cadeaux, qui attirait Irma
auprès d'Elise : l'affection si pure et si forte de la

jeune femme était la plus grande attraction pour ce cœur d'enfant.

Les heures passèrent bien vite, et, lorsque le crépuscule fut venu, Elise reconduisit la chère petite à sa mère, dont elle reçut un cordial remerciement, et avec laquelle elle échangea quelques mots ; puis elle rentra chez elle, se prépara un modeste souper, et remit tout en ordre dans sa chambre et dans sa cuisine. Ses yeux étant alors tombés sur *Ekkehard*, elle saisit le volume avec empressement et se plongea de nouveau dans les beautés de ce récit.

Elise possédait dans une rare mesure les plus précieuses des vertus féminines, l'humilité et le contentement. Elle put donc, en prenant son livre, remercier Dieu du fond du cœur de toutes les joies qu'il répand parmi les hommes. Pour pouvoir apprécier ces joies, puiser à toutes ces sources, une condition est indispensable : il faut un cœur pieux et non pas blasé. Aussi Elise trouvait à remercier le Seigneur où le commun des hommes ne songe qu'à recevoir et jouir avec indifférence, comme une chose qui va de soi.

L'heure du repos étant venue, elle marqua par un ruban de soie l'endroit où elle s'était arrêtée dans sa lecture, et gagna sa couche, après avoir fait monter sa prière à Dieu comme elle en avait l'habitude dès son enfance.

XVII

Nous avons quitté Adolphe au moment où il allait commencer, à contre-cœur, son service de serre-frein sur le siège élevé qu'on voit à l'arrière de certains wagons. Une brume épaisse s'étendait de tous côtés et l'on ne pouvait rien distinguer même à quelques pas de soi.

Par un temps pareil, le conducteur de la locomotive, rempli d'inquiétude, prête l'oreille au moindre bruit et cherche à percer de ses yeux le brouillard : de sa vigilance dépend la sécurité des trains.

Lorsque le signal rouge, qui indique une gare, apparaît devant ses yeux comme un éclair, il fait pousser aussitôt trois cris à son sifflet à vapeur, signal bien connu des employés. C'est alors que le serre-frein s'élance de son siège et tourne avec vigueur la manivelle qui serre les freins contre les roues.

Adolphe était attentif comme les autres, et le troisième coup de sifflet était à peine achevé qu'on pouvait apercevoir l'effet des freins sur la voiture où il était placé.

Enfin le soleil envoya à travers les nuages quelques rayons dorés et finit par dissiper entièrement la brume. Adolphe se leva de son étroit banc de bois et se mit à piétiner sur place, afin de se remettre le sang en mouvement. N'ayant plus besoin de son manteau, il l'enleva et l'étendit sur son siège. Ses pensées avaient eu jusqu'alors Elise pour objet. Sans doute elle reposait encore tranquillement, s'étant remise au lit après son départ. Oh ! s'il en était encore comme il y a huit jours ! Le dimanche précédent reparut dans le souvenir du jeune mari avec plus de charme encore par le fait du contraste avec la situation actuelle.

Le triple sifflet vint le tirer de ses réflexions, et, une seconde après, il manœuvrait son frein, toutes ses pensées se concentrant sur son service.

Mais quand le train eut quitté la station, Adolphe se replongea dans le passé, comme si, dans les trésors de joie et de bonheur qui s'y étaient accumulés, il pouvait trouver quelque compensation à cette journée si triste.

Il revit en imagination ses parents et sa chère petite Julie ; il pensa aux habitudes de la maison paternelle, et à la célébration du dimanche : dès que la cloche sonnait, son père prenait toujours dans l'armoire son habit noir, le brossait avec soin, puis se dirigeait lentement vers l'église avec sa femme et sa fille. Aussi, depuis qu'Adolphe avait quitté ses parents, le dimanche était resté pour lui le plus beau jour de la semaine ; il se réjouissait à l'avance de restaurer ce jour-là auprès d'eux ses

forces quelque peu épuisées par un labeur assidu.

Aujourd'hui, par contre, l'année lui semblait un
long jour de travail, interrompu par quelques
pauses à peine suffisantes pour trouver dans le
sommeil la réparation des forces physiques.

Ainsi les bons dimanches étaient à peu près
complétement rayés de la vie d'Adolphe. Il ne savait pas même s'il pourrait disposer d'un seul sur
neuf semaines, comme cela semblait d'abord devoir
être : il avait entendu dire, en effet, aux employés
de la gare que, vu le petit nombre des trains de
marchandises réguliers et le grand encombrement
qui régnait alors à cette époque, il y aurait longtemps encore deux trains supplémentaires le
dimanche : l'un de ces deux trains devait con-
cerner Adolphe Liebmann.

Faut-il s'étonner si, dans de pareilles circonstances, un jeune homme, marié depuis peu, fronce
les sourcils avec humeur et se figure être enchaîné
par les pieds et les mains ? Qu'était devenu l'idéal
de ses rêves, lui qui, dès sa jeunesse, avait toujours envié le bonheur des employés gaiement
assis sur les sièges élevés dés wagons ? Il se rappelait maintenant les paroles de son père sur ce
genre de service, et reconnaissait qu'il avait eu
mille fois raison.

Le soleil montait de plus en plus, et ses rayons
faisaient disparaître les petits nuages blancs qui

avaient voilé en partie le bleu du ciel. Déjà, avant
midi, la voûte azurée était parfaitement pure et
une chaleur bienfaisante commençait à régner.
Les cloches retentissaient dans les villes et dans
les villages, auprès desquelles passait le train. A
toutes les gares on apercevait des gens endimanchés qui venaient attendre des amis ; la joie s'épa-
nouissait sur les visages et Adolphe comprenait
bien pourquoi tous ces gens étaient en si gaie
disposition. Huit jours auparavant, il savait lui-
même ce que c'était que de se reposer complètement de son travail et de ses fatigues.

Tout indiquait que c'était dimanche. Les fleurs
brillaient plus que jamais dans les prairies, et les
chanteurs ailés des forêts se réjouissaient des
beautés de la création. Sur toutes les routes, on
apercevait des campagnards avec un livre de cantiques à la main et montrant par leur tenue, ainsi
que par leur visage, qu'ils étaient heureux d'avoir
un jour de repos.

Adolphe traversait avec rapidité les vastes
prairies de son pays natal : partout où il y avait
quelques minutes d'arrêt, les employés du train
se dirigeaient vers le buffet de la gare : un tonneau
de bière contenait le stimulant, qui remplaçait
pour eux celui que l'homme devrait trouver dans
le repos dominical. Adolphe, sollicité par un
joyeux camarade, de boire un verre à la santé de
sa femme, accepta cette invitation ; mais l'image

d'Elise l'empêcha d'imiter son compagnon, qui avait déjà franchi les bornes de la tempérance. Il but avec sobriété, car il savait que l'ivresse, pendant le service, entraînait les plus graves punitions, et peut-être un renvoi immédiat.

On n'arriva au but que fort tard. Le train fut poussé dans une voie latérale, et la locomotive, détachée, eut l'air de se traîner avec peine jusqu'au hangar. Un veilleur devait y entretenir le feu toute la nuit, car de grand matin elle aurait à conduire une longue suite de wagons pesamment chargés.

Les employés descendirent de leurs voitures ; les petites lanternes qu'ils portaient suspendues à la poitrine devaient les éclairer encore jusqu'au local peu éloigné, où ils passeraient la nuit.

Adolphe, tenant à la main son petit sac de voyage, traversait la voie, lorsqu'il entendit deux de ses camarades le suivre en causant. L'un d'eux, nommé Gräfe, était celui chez qui Adolphe avait remarqué pendant la route les symptômes d'une consommation de bière par trop abondante. Ces deux hommes parlaient très-haut et riaient. Bientôt ils eurent atteint Adolphe qu'ils saisirent par chaque bras : — Je crois vraiment, lui cria Gräfe, que tu veux aller te cacher ! Mais il n'en sera rien. Viens avec nous à l'Ours-Blanc, où nous fêterons mon jour de naissance.

— Laissez-moi aller me coucher, répondit Adolphe. Nous sommes assez fatigués de nos dix-sept heures de route : d'ailleurs je ne me soucie pas de faire des folies pendant la moitié de la nuit.

Il essayait de se dégager, ce qui excita ses compagnons à le tenir toujours plus ferme ; et enfin il se décida à les suivre. Contre son gré, on servit sans interruption des boissons spiritueuses, que Gräfe demandait selon son habitude. Non seulement ce soir-là, mais tant que dureraient ses fonctions, Adolphe devait être malheureusement fort mal entouré.

Lorsqu'il se coucha, à une heure très avancée, son cerveau était en désordre et son sang enflammé. Il se jeta sur son lit, et l'abus inusité des liqueurs lui occasionna un sommeil agité pendant les quelques heures qui lui restaient pour se reposer. Bientôt parut le veilleur de la gare, qui secoua les dormeurs en leur criant avec son exactitude accoutumée : — Il est quatre heures quarante-sept ! Dépêchez-vous, la machine chauffe déjà.

Adolphe, tiré brusquement de son sommeil, saisit les barreaux de son lit comme pour s'y cramponner ; il se frotta les yeux, les referma pour quelques secondes, puis sauta sur ses habits. Une heure plus tard, il était emporté à toute vapeur dans la direction de sa demeure : ce ne fut qu'alors, grâce à la fraîcheur de l'air, qu'il eut pleinement conscience de son état. Il se sentait mal à l'aise par suite des excès de la nuit. Sa figure, comme il la vit dans un petit miroir de poche, était pâle et fatiguée, et des cercles noirs autour de ses yeux témoignaient d'un sommeil insuffisant.

Le lundi précédent, il n'avait ressenti aucun symptôme pareil : son cœur était alors rempli de ce contentement qui est le partage de toute vie bien réglée.

Aujourd'hui, ses dispositions étaient toutes contraires : il était accablé de lassitude, sa tête était lourde et embarrassée, et il lui était fort désagréable de reporter ses pensées en arrière.

De pareilles sensations sont malheureusement habituelles à bien des gens ; ils ont alors une phrase toute faite pour se justifier : *On ne vit qu'une fois ;* et c'est là le manteau qui couvre les joies douteuses que l'on a trop avidement recherchées. Le comble de l'habileté consiste à prendre une physionomie riante, tandis qu'on a perdu le vrai et franc rire qui vient du cœur.

XVIII

Les semaines s'écoulèrent et, au bout d'un mois environ, le jour de congé d'Adolphe devait tomber sur un dimanche. Elise s'en réjouit longtemps d'avance, espérant retrouver alors, avec son mari, ce bienfaisant repos qu'ils avaient connu.

Elle s'était sentie souvent si solitaire que des

larmes tombaient de ses yeux sur son tricot ou sa broderie. Etait-ce le mal du pays ? Elle le croyait, car, dans ces moments, l'image de sa mère, le souvenir de sa bonté et de son affection, se présentaient toujours à son esprit.

Adolphe revint dans la nuit du samedi au dimanche : sa femme qui l'attendait avait, comme de coutume, pris soin qu'il trouvât de quoi se restaurer. Mais il semblait de mauvaise humeur et, avant qu'Elise eût pu le questionner, il commença à se décharger du poids qui l'oppressait :

— Je crois, dit-il avec dépit, que bientôt je ne rentrerai plus jamais à la maison. Cela va de mieux en mieux !

— Qu'est-il donc arrivé ? lui dit Elise, comme pour le calmer.

— Va voir seulement à la gare ce qui est écrit sur le tableau noir : *Le personnel du neuvième groupe desservira demain dimanche les trains supplémentaires 187 et 192. La plus grande exactitude est exigée pour l'heure du départ.*

Tout en parlant, Adolphe tirait ses bottes et il en jeta une avec colère, dans un coin de la chambre. Ses rapports continuels avec des hommes mal élevés exerçaient déjà une influence pernicieuse sur son caractère et sur sa tenue. Elise, remarquant les tristes dispositions de son époux, ne put s'empêcher de pleurer.

— Quelle abominable vie, reprit-il. Etre si rarement libre dans la semaine, et le jour où tout le monde est en fête, avoir à le passer sur un siége couvert de suie! Je souhaiterais bien que les directeurs de la compagnie, l'inspecteur général et celui de la gare dussent une fois prendre notre place, le dimanche, et rouler pendant dix-huit heures de suite. Cela leur ôterait un peu de leur entrain, car ce serait une chose nouvelle pour eux. Ils travaillent bien un peu le dimanche matin ; probablement pour donner l'exemple à leurs subordonnés, mais, l'après-midi, ils auraient bien de la peine à venir s'asseoir devant leur pupitre ; il est plus agréable pour eux de se promener, de faire des excursions, d'avoir des soirées, d'aller au casino, au théâtre, ou au bal.

Un flot de récriminations passionnées sortait ainsi de la bouche d'Adolphe, et si l'on avait entendu dans ce même instant ses compagnons de service, on aurait bientôt su lequel d'entre eux lui avait appris à s'exprimer ainsi sur le compte de ses supérieurs.

Elise ne trouvant que peu de mots à répondre, la conversation se termina bientôt. On alla chercher le sommeil, car, le lendemain, Adolphe devait être prêt à neuf heures.

XIX

Nous passons sur deux années, qui n'apportèrent pas, semble-t-il, grand changement dans notre jeune ménage. Toutefois, un observateur superficiel seul aurait pu énoncer ce jugement. En considérant, avec soin, ce qu'étaient autrefois les rapports des deux époux, et ce qu'ils étaient maintenant, on avait à constater une profonde transformation.

L'organisation du service était restée la même. Dans la belle saison, on faisait partir, au moins deux dimanches sur trois, de ces trains supplémentaires, qui sont la terreur de tout le personnel, et le sujet des malédictions des employés.

Placé dans un entourage dont l'influence lui était funeste, privé de l'appui que lui auraient procuré des habitudes religieuses, toujours éloigné, par son travail, de la maison de Dieu, Adolphe se trouvait, de plus en plus, sur la pente qui mène à la dépravation.

Lorsque, poussé à bout par les désagréments de son service, il se livrait, chez lui, à des accès de colère, Elise contenait sa douleur et cachait ses larmes ; puis, lorsqu'elle était seule, elle s'abandonnait à tout son chagrin.

Elle n'avait d'autre moyen d'action sur son mari, que la puissance infatigable de l'amour.

Mais ce qui lui causait la plus grande peine, c'est que, souvent, Adolphe était rentré en état d'ivresse, et quelquefois en retard de plusieurs heures.

Enfin, après un long intervalle, Adolphe eut de nouveau la perspective d'un dimanche libre. Elise n'osait plus y compter; leur espérance avait été trop souvent déçue. Mais, cette fois, ils furent favorisés.

Ils allèrent à l'église, et l'après-midi, ils suivirent la foule des promeneurs. L'été tirait à sa fin, Adolphe avait eu, il est vrai, quelques rares jours de repos pendant les jours ouvrables, mais il y avait six mois que les deux époux n'avaient passé un dimanche ensemble. Se mêler à la foule, jouir de leur liberté en ce jour, cela leur semblait étrange. De même qu'un oiseau longtemps captif doit apprendre à voler, et qu'un prisonnier retrouvant, après des années, l'air extérieur, tombe quelquefois en défaillance, Adolphe et Elise ne savaient plus fêter le jour du repos, d'un cœur joyeux et enfantin. Ils se promenèrent donc en silence, livrés chacun à leurs réflexions : Adolphe pensait, avec aigreur, à son travail qui allait recommencer, et qui ne lui laisserait pas de longtemps la libre disposition d'un autre dimanche.

On fit halte vers la maison forestière, où les

pigeons mangeaient toujours les miettes que les
enfants leur distribuaient. Tandis qu'Elise leur
jetait quelques débris de pain, Adolphe repassait
sa vie antérieure, poussé à ces méditations par le
calme de la nature, qui est souvent un remède
contre les maladies morales. Il dut s'avouer que,
depuis son mariage, il avait toujours marché à
reculons ; il sentit que l'habitude du cabaret et la
vie nomade ne pouvaient lui apporter un vrai contentement. S'il avait vécu jusqu'alors sans rentrer
en lui-même, il voyait, aujourd'hui, naître dans son
âme, le désir sincère de redevenir ce qu'il était avant
son mariage, et pendant les semaines qui l'avaient
suivi. Il jeta, en soupirant, un regard sur sa femme,
et la meilleure partie de lui-même murmura doucement : Elle est bien meilleure que toi, et tu as été
souvent peu amical envers elle.

Il se représenta le temps où, voyant en Elise une
créature tout à fait exceptionnelle, il espérait à peine
pouvoir l'obtenir pour épouse. Son ancien amour se
réveilla, et ce fut presque avec tendresse qu'il considéra sa femme. La belle chevelure d'Elise, son
profil finement découpé, la grâce de ses mouvements, la modestie de toute sa personne touchèrent
vivement le cœur de son mari, qui se leva soudain
en disant :

— Ma chère femme, il est temps de rentrer,
n'est-ce pas ?

Elise le regarda avec étonnement, car il avait

parlé d'un ton qui ne lui était plus habituel. Ce fut avec un sourire sur les lèvres qu'elle se prépara au retour, pendant lequel leur entretien fut plus animé et plus cordial que précédemment.

D'où était donc venu ce refroidissement entre les deux époux? Adolphe avait aimé sa femme avec toute l'ardeur d'un tempérament à la fois sanguin et flegmatique. Mais sa vie irrégulière, avec des jours de repos trop espacés et surtout sans dimanches, puis la nécessité d'être constamment loin d'Elise, tout cela avait relâché, peu à peu, les liens de la famille.

Un seul dimanche, passé loin de la fumée de la locomotive, venait déjà de rétablir quelque intimité entre eux. Ces heureux sentiments furent encore fortifiés par l'arrivée de la mère d'Elise.

XX

Mme Kremer était là depuis huit jours, et, en prenant part, avec une vraie affection, à tout ce qui intéressait sa fille, elle excitait aussi Adolphe à considérer sa femme sous un tout autre jour. Il revenait à la maison avec ponctualité, se montrait rempli d'égards et ne retombait plus dans l'ivresse.

Elise entretenait une correspondance régulière avec ses parents, et écrivait aussi à ceux d'Adolphe, excusant ce dernier de son long silence, qu'elle attribuait à la fatigue extrême dont il était saisi quand il rentrait à la maison. Elle ne leur disait point que ses rapports avec son mari, n'étaient pas tels qu'ils auraient dû l'être ; elle se bornait à mentionner sa fréquente solitude, ajoutant que la femme d'un employé devait bien s'y faire, quelque pénible que cela parût.

Enfin, lorsque sa mère lui eut expressément demandé, dans une lettre, comment elle se trouvait et si sa santé était satisfaisante, la jeune femme répondit que, sans avoir lieu précisément de se plaindre, elle éprouvait, depuis quelques semaines, des maux de tête et n'avait pas toujours de l'appétit ; mais ses parents ne devaient pas s'en inquiéter ; c'était probablement une indisposition toute naturelle.

Deux jours plus tard, sa mère était auprès d'elle n'ayant annoncé son arrivée que quelques heures à l'avance. Elle trouva Elise extrêmement pâle : toutefois, elle ne tarda pas à reconnaître qu'il n'y avait dans son état rien d'alarmant.

Le même soir, Adolphe en rentrant à la maison y trouvait sa belle-mère qui lui expliqua qu'elle était venue faire une simple visite, mais qu'elle resterait bien quelque temps s'il n'y mettait pas d'opposition.

Adolphe répondit qu'il était au contraire très reconnaissant envers elle, et que ce serait pour lui une tranquillité d'esprit de sentir auprès d'Elise quelqu'un qui la soignerait avec tant d'affection.

Pendant qu'Elise était à la cuisine pour préparer le souper, la mère demanda à Adolphe comment allait le ménage, et si Elise s'entendait bien à le diriger.

— Oh ! sans doute, répondit-il d'un ton bref.

A table, la mère commençait à parler du rude travail d'Adolphe, qui devait bien nuire à la vie de famille, lorsque Elise demanda qu'on choisit un sujet de conversation plus gai. Ils étaient de nouveau réunis après une longue séparation, et le temps de la solitude ne reviendrait que trop tôt pour elle. — Et que devient papa ? demanda-t-elle. Puis, de son père, elle en arriva à parler du temps heureux de sa jeunesse; ensuite des parents d'Adolphe, que Mme Kremer avait vus quelques semaines auparavant. — Julie, dit-elle, avait le plus grand désir de revoir bientôt Elise, et espérait qu'Adolphe et sa femme feraient à Noël le voyage promis depuis si longtemps.

En effet, Adolphe avait projeté de passer huit jours chez ses parents, tandis qu'Elise pourrait y prolonger un peu plus son séjour. Déjà l'année précédente, il avait abordé avec son supérieur la question d'un congé; mais on lui avait demandé de prouver que ce voyage était absolument nécessaire, et, en outre, il aurait dû sacrifier un thaler (¹)

(¹) Monnaie d'Allemagne valant environ 3 fr. 75.

par jour pour se faire remplacer. Les finances d'Adolphe ne lui permettant pas cet arrangement, il avait renoncé à son projet. Mais aujourd'hui il espérait qu'en considération de son long service, il obtiendrait la permission désirée et n'aurait rien à débourser.

XXI

L'automne était venu. Quelques semaines après l'arrivée de sa belle-mère, Adolphe sortit un jour à dix heures du matin pour se rendre à son service qui devait durer jusqu'au lendemain à midi. Dans sa manière d'être vis-à-vis de sa femme, il avait décidément fait de grands progrès. Peu avant l'arrivée de Mme Kremer, il se rendait très souvent à la brasserie avec ses camarades avant de rentrer chez lui ; dès lors, il avait renoncé à cette habitude. Elise comprit donc qu'elle avait bien des motifs d'être contente, et résolut de conserver autant que possible sa bonne humeur, même quand la solitude lui pèserait, pourvu qu'Adolphe continuât à être rangé et à avoir des égards pour elle.

Adolphe, pourvu de bons gants pour la nuit et portant son sac de voyage, arrivait près du train, lorsqu'il aperçut son collègue Gräfe qui semblait plus gai encore que d'habitude.

— Je fête mon jour de naissance, répondit-il à

Adolphe qui lui demandait si c'était pour lui un jour de repos.

— Combien as-tu donc de jours de naissance dans l'année ? C'est bien le cinquième que tu fêtes depuis le nouvel an.

— Sais-tu ? Il faut bien que tout s'égalise dans ce monde. Mon défunt père ne pouvait fêter son jour de naissance que tous les quatre ans, puisqu'il était né le 29 février. Je dois donc me dédommager pour toutes les fêtes dont ma famille a été privée. L'administration est, du reste, du même avis que moi, car elle m'a adressé aujourd'hui ce pli comme cadeau. — Et il tira de sa poche une feuille de papier, où Adolphe lut la nomination de Gräfe au poste de contrôleur.

— Ton tour viendra bientôt, reprit Gräfe, tu viens tout de suite après moi par rang d'ancienneté. Nous n'aurions pas pensé, il y a deux ans, que je parviendrais si vite à être contrôleur.

Adolphe rendit la feuille à Gräfe en le félicitant, et se réjouit pour lui-même de la perspective qui s'ouvrait devant lui.

— Tu dois maintenant payer ta nomination, s'écria-t-on de tous côtés.

Et Gräfe, faisant une grimace significative, montra, dans un coin du fourgon à bagages, un petit tonneau de la boisson chère aux Allemands. Ce fut une vue délicieuse pour tous les employés ; ils se hâtèrent de grimper vers le tonneau pour boire un premier coup, et ils commencèrent leur trajet dans les plus joyeuses dispositions.

Malgré le peu de retenue que l'on mit à user de la bière pendant le voyage, il en restait encore dans le tonneau une bonne quantité lorsqu'on arriva à la station, où le train devait s'arrêter pour la nuit. Tous, il est vrai, n'avaient pas pris part à cette orgie : le conducteur de la locomotive repoussa énergiquement tout ce qu'on lui offrit, pensant à sa responsabilité, et estimant qu'il n'y aurait pas de conscience à « goûter » seulement, comme disait Gräfe, car il savait que quand on donne au Tentateur un seul doigt, il saisit bientôt la main, puis le bras et enfin l'homme entier : il défendit sévèrement aussi au chauffeur de transgresser le règlement de service.

Arrivés au terme du trajet, tous les employés, sauf le petit nombre de ceux qui étaient restés fidèles au devoir, se trouvaient déjà dans un état d'excitation très anormal. Adolphe lui-même s'était laissé entraîner à prendre un premier verre, puis un second et un troisième. Plus il buvait, moins il avait besoin qu'on le pressât ; sous l'influence de la bière, ses pensées se portaient sur Elise et sur sa belle-mère, mais il cherchait toujours à en détourner son imagination. Il respirait toutes les fois qu'une halte lui permettait de s'entretenir joyeusement avec ses camarades, et lui aidait à étouffer toute pensée sérieuse.

Le soir, Gräfe invita ses collègues à passer encore une petite heure avec lui dans le restaurant voisin de la gare ; mais cette petite heure, dont les minutes furent extrêmement longues, et dans laquelle plusieurs sortes de bières furent consommées tour à tour, acheva d'obscurcir ce qui restait encore de clarté dans les cerveaux. Il fallut gagner sa couche en chancelant, et avec la perspective d'être réveillé de fort bonne heure, pour reprendre sa place sur le train.

Gräfe resta invisible pendant la première heure du trajet ; il s'était blotti dans un recoin du fourgon à bagages et s'était aussitôt endormi. Ce fut en vain que le conducteur du train essaya de le secouer : bientôt il renonça à le tirer de son sommeil et se décida à fermer les yeux sur cette infraction. Il avait des motifs pour cela, car non seulement il avait toléré l'orgie de la veille, mais il y avait pris part lui-même, en transgressant ainsi d'une manière flagrante le règlement de service.

Le jour commençait à poindre vers l'orient. Les employés des gares, qui avaient à regret quitté de grand matin un lit bien chaud, se retiraient avec empressement, aussitôt le train parti, auprès du poêle de leur station. Il n'y avait pas à craindre de leur part un contrôle trop sévère ; ils ne recherchèrent pas si les freins étaient tous occupés, et si le personnel entier était à son poste.

Cependant, à mesure qu'on approchait de la station principale, le sommeil de Gräfe devenait plus inquiétant. Un œil indiscret aurait bien pu jeter un coup d'œil dans le fourgon et, dans le cas où l'on aurait voulu nuire au dormeur ou au chef du train, un rapport à la direction aurait été bientôt fait. Il fallait aussi se garder des yeux de lynx de l'inspecteur de la gare, qui recherchait toujours, avec une attention particulière, si les serre-freins ne se faisaient pas voiturer dans le fourgon au lieu d'être à leurs places. Aussi Gräfe dut-il être réveillé, quand même le conducteur l'aurait volontiers laissé dormir jusqu'au bout.

Adolphe qui, la veille, avait montré une plus grande sobriété que tous les autres, se trouvait cependant en assez mauvaise disposition.

Il était dix heures, et on avait encore plus de deux heures de route, avant d'atteindre la station principale : le train faisant une halte de vingt minutes, tous les employés descend'rent et quelques-uns se rendirent dans le fourgon, convoitant le reste de bière que contenait encore le tonneau. On convia Adolphe à dissiper son malaise, en buvant encore quelques verres. Ses camarades étaient partisans du principe homéopathique qui est de combattre un mal par son semblable.

Gräfe, à peine réveillé, retombait toujours dans une espèce de somnolence, et le chef de train commença à le secouer avec énergie. — Qu'est-ce que

tu fais donc là ? lui dit-il en lui tendant la main
pour le faire lever.

— Laisse-moi tranquille ; je m'exerce à penser,
répondit Gräfe pesamment. Puis après avoir fait
entendre quelques sons inarticulés, il ouvrit tout
à fait les yeux, regarda autour de lui, et se leva
avec peine, ayant l'air de réfléchir sur les derniers
événements. Mais il sortit vite d'embarras en se
tournant vers l'angle où se trouvait la précieuse
boisson de Gambrinus. Un verre était à côté, et il
se servit avec délices une première ration.

Le chef du train, qui allait présenter un rapport
au bureau de la gare, fit signe à Gräfe de se cacher.
Par bonheur le chef de la gare montait au même
instant sur la locomotive, qu'on venait de détacher,
et allait diriger une manœuvre à l'autre extrémité
de la station.

Le champ était donc libre pour les compagnons
de Gräfe qui, sentant renaître leur soif, se hâtèrent
de le rejoindre dans le fourgon. Adolphe but aussi,
afin de reprendre quelque entrain, car il se sentait
abattu et rongé par un mécontentement intérieur,
qui augmentait à mesure qu'il se rapprochait de
son foyer.

Cette fois, on n'avait pas le temps de savourer
la bière avec un recueillement particulier ; l'heure
du départ approchait, mais la machine n'était pas
là. Un homme d'équipe, interrogé sur la cause du
retard, répondit qu'un des tuyaux intérieurs de la

machine avait éclaté, et qu'une autre locomotive était nécessaire.

Cette nouvelle fut reçue avec enthousiasme ; la machine de renfort qui avait été demandée mettrait bien une heure avant d'arriver. On ferma donc les portes du fourgon, on plaça devant le tonneau une grande caisse pour le bien dissimuler, d'autres caisses servirent de sièges, et nos hommes, rangés ainsi en cercle, tenant leurs verres de manière à pouvoir les cacher en un clin-d'œil, se mirent à causer avec toujours plus d'animation, bien qu'Adolphe leur rappelât de temps en temps qu'il ne fallait pas faire tant de bruit.

Gräfe les pressait de remplir et de vider leurs verres : il ne devait rien rester du tonneau lorsqu'on se remettrait en route. A onze heures et demie, la locomotive de renfort arriva, et l'on partit avec une vitesse accélérée pour compenser en partie le retard qu'il avait fallu subir. Le tonneau était vide, et les verres avaient été cachés dans la petite armoire du fourgon.

Le conducteur n'était revenu qu'au dernier moment. Ayant entendu, de loin déjà, le bruit que faisaient nos buveurs, il accourut vers eux en s'écriant à demi-voix : Faites donc un peu de silence ! c'est un vrai scandale ! Faudra-t-il que je sois compromis par votre faute ? On va partir : tâchez au moins d'avoir les yeux ouverts, ainsi que les oreilles, et de vous trouver chacun à votre poste.

Bientôt le train quittant la gare, entra dans les prairies qui avaient déjà leur aspect d'automne. Il n'y avait plus qu'un petit nombre d'arrêts jusqu'à la station principale. Lorsqu'on fut à la gare qui précédait celle-ci, Adolphe descendit de son siège, pour se déraidir les membres en prenant quelque mouvement : passant devant Gräfe, il le trouva à moitié endormi, le corps replié en deux. Il l'appela à haute voix, en lui criant :

— Prends donc garde et n'oublie pas où tu es. Tu sais que c'est une chose dangereuse de dormir auprès des freins ; en outre il faudra les manier vigoureusement dans la descente, tout à l'heure. Tâche de faire bonne contenance, nous serons bientôt arrivés, et j'aurai soin que tu puisses rentrer chez toi sans être vu.

Adolphe était, comme les autres, sous l'influence de la boisson, mais il employait toute la force de volonté dont il était capable, pour rester maître de lui. Tenant avec fermeté la manivelle de son frein, il observait sans cesse Gräfe, placé en arrière, quelques voitures plus loin. Le malheureux se penchait sans cesse, tantôt en avant, tantôt en arrière : évidemment il succombait de nouveau au sommeil. Adolphe, voyant à un certain moment son camarade s'affaisser, ne put retenir un cri d'effroi : il s'élança sur le toit du wagon qu'il desservait et cria aussi haut qu'il put. L'employé qui le suivait, et qui était en relation avec le sifflet de la locomotive par un câble de sûreté, le tira aussitôt, et le sifflet fit entendre des sons inaccoutumés et effrayants. Le conducteur de la locomotive et le chauffeur, se retournèrent avec surprise, et, voyant les signes pleins d'angoisse d'Adolphe et de son compagnon, ils donnèrent le signal de serrer tous les freins.

Le train s'arrêta enfin : toute trace d'excitation alcoolique avait disparu du cerveau d'Adolphe, mais il frissonnait à la pensée de ce qu'on allait découvrir.

Le chef du train sortit du fourgon à bagages ; les quatre employés des freins étaient là tout étonnés. Adolphe enfin accourut aussi vite que lui permirent ses jambes, car il tremblait d'effroi :

— Il y a un malheur ! s'écria-t-il ; Gräfe est tombé de sa voiture. Ce doit être à deux ou trois cents mètres en arrière. Tous les assistants devinrent d'une pâleur mortelle.

Arrivés à la place indiquée, les employés frissonnèrent. Il y avait du sang sur les roues, les tampons et contre la paroi de la voiture !

. Il fallait agir. Les deux plus résolus s'élancèrent sur la voie. Adolphe reprenant courage, les suivit, quoique la tête lui tournât : les poteaux télégraphiques et les rails lui semblaient danser autour de lui ; il chancelait plus qu'il ne marchait, et se croyait plongé dans un rêve.

Ce fut comme au travers d'un voile épais, qu'il

aperçut une masse pesante soulevée par ses deux camarades et portée hors de la voie. Un gémissement à peine perceptible parvint cependant à son oreille et l'ébranla dans tout son être.

Les deux hommes avaient trouvé leur camarade Gräfe étendu le visage contre terre; ses jambes avaient été broyées au-dessus du genou et changées en une masse informe. Mais il y avait encore de la vie dans ce corps mutilé, le cerveau pensait toujours. On l'avait étendu sur un manteau; il regardait d'un œil fixe dans le vide et paraissait souffrir le martyre. Enfin ses yeux se fermèrent, et le repos envahit peu à peu ses sens et ses organes.

Adolphe restait comme pétrifié devant le corps de son camarade. Une prière s'échappa de ses lèvres, mais elle était confuse; il ne savait s'il fallait demander le pardon pour lui-même ou pour celui qui était étendu là. Il sentait bien que ses rapports avec Dieu n'étaient pas ce qu'ils auraient dû être. Un abîme semblait s'interposer entre le trône du Tout-Puissant et lui-même.

Autrefois, lorsqu'il fréquentait chaque dimanche la maison de Dieu, tout allait bien mieux pour lui. Il possédait alors un contentement intérieur qui lui était étranger depuis bien des mois. Cependant il s'était uni à Elise avec les meilleures résolutions et avec de joyeuses espérances; des heures véritablement heureuses avaient suivi son mariage; puis de légères ombres s'étaient montrées, et avec la suspension du repos dominical, les premiers germes d'un sérieux mécontentement avaient pénétré dans son âme. La prière qu'il faisait régulièrement dans la maison paternelle était devenue plus rare, puis avait cessé tout à fait, et, s'il avait d'abord éprouvé un sentiment de malaise, ce sentiment s'était affaibli peu à peu. Enfin sa conscience, d'abord vigilante, avait presque tout à fait cessé de faire entendre sa voix.

— Laissez-moi ! je n'irai jamais dans un train avec lui, et surtout dans le même wagon. C'est moi qui suis coupable. Laissez-moi ! je veux me sauver ! — Tels étaient les cris du chef de train, qui aurait voulu s'enfuir bien loin de cette région d'épouvante. Ce fut avec la plus grande peine qu'on parvint à l'empêcher de se livrer à un acte de désespoir. On ne pouvait juger de la culpabilité de personne, lui dit-on. Le malheur avait voulu que Gräfe, ayant un peu trop bu, fût surpris par le sommeil. C'est ce qui avait amené la catastrophe.

On plaça le cadavre dans le fourgon à bagages, tout près du tonneau vide, et on en ferma soigneusement les portes. Un des employés prit place dans un autre wagon avec le conducteur, qu'il ne fallait pas abandonner à lui-même.

XXII

— Je ne comprends pas, dit Elise à sa mère, où Adolphe peut rester si longtemps. Il est plus d'une heure, le dîner est prêt depuis midi, et ce train-là est rarement en retard.

— Sais-tu, répondit Mme Kremer, nous pourrions aller faire une petite promenade dans la direction de la gare, et peut-être que nous le rencontrerons. Le temps est si beau aujourd'hui et l'air si pur.

Les deux femmes se préparèrent donc à sortir: la mère, qui avait pris la direction du ménage et ne souffrait pas qu'Elise se fatiguât, donna encore un coup d'œil au dîner réservé pour Adolphe, puis on ferma l'appartement avec soin et l'on descendit.

Arrivée sur la place ombragée de tilleuls, Elise respira à pleins poumons : cet air vivifiant lui faisait du bien.

Elle vivait trop renfermée à la maison, car pendant toute la semaine elle travaillait avec ardeur. Sa mère l'avait instruite à fond dans toutes les connaissances qui font l'ornement d'une épouse, d'une mère et d'une ménagère. Non seulement Elise exécutait très bien les travaux d'aiguille ordinaires, mais elle faisait aussi des ouvrages plus fins en broderie et au crochet. Son habileté lui procura ainsi des gains d'autant plus précieux que la paye de son mari n'était pas très forte. S'il y avait chez eux quelque aisance, Elise pouvait donc s'en attribuer une bonne part.

Au bout d'un quart d'heure, elles étaient à la gare. Elise fut d'avis qu'il fallait aller plus loin : cinq minutes au delà se trouvait la gare des marchandises, où l'on pouvait traverser la voie ; elles attendraient ensuite, dans la cabane de l'aiguilleur, l'arrivée du train qui faisait ordinairement halte en cet endroit. Ce train était attendu, leur dit-on, de minute en minute et l'on pouvait apercevoir déjà dans la vallée la fumée de la locomotive.

Bientôt, en effet, le convoi fut en vue : trois coups de sifflet se firent entendre et les wagons s'arrêtèrent. Un employé descendu du fourgon parlait avec animation aux gens de la gare : tous se rapprochèrent, et les hommes d'équipe, qui étaient occupés à quelque distance accoururent aussi. Elise et sa mère, qui n'étaient pas fort éloignées, se dirigèrent vers le fourgon pour l'aborder de l'autre côté.

Lorsqu'elles y arrivèrent, un sifflet retentit, la machine tira le train un peu en avant, et le fourgon, qui séparait Elise des employés, ayant ainsi changé de place, la jeune femme aperçut le groupe qui entourait une masse informe placée à terre : c'était un corps humain, couvert de sang ; les yeux, qui n'étaient pas fermés et semblaient sortir de leurs orbites, regardaient fixement du côté d'Elise.

La jeune femme s'affaisse alors en poussant un

cri d'effroi indescriptible, et sa mère, dominant sa propre émotion pour concentrer toute son attention sur sa fille, la soutient ferme dans ses bras.

Aussitôt, plusieurs hommes se dirigent de leur côté, et on leur crie qu'Adolphe va venir. Celui-ci, en effet, avait entendu le cri de sa femme et il accourait.

— N'ayez pas d'inquiétude, lui cria un des employés, votre femme a été effrayée par le corps de ce pauvre Gräfe, mais cela ne sera rien.

Adolphe entendit et comprit : s'approchant en toute hâte, il se pencha vers Elise qui était sans connaissance.

Ce fut en vain qu'on versa de l'eau sur ses tempes et sur son front, et qu'on essaya même des frictions d'eau-de-vie.

Mme Kremer souffrait plus que toute autre de ce spectacle. Son cœur saignait, mais l'amour maternel la rendait active : elle fit tous les préparatifs nécessaires et pria Adolphe de faire approcher au plus vite une voiture. On transporta Elise par-dessus la voie jusqu'au fiacre, et l'on se dirigea vers la demeure des époux Liebmann.

Quel changement en peu d'heures ! La mère essaya tous les moyens que lui suggérait sa longue expérience, pour rappeler sa fille à elle-même, mais ce fut en vain. Le médecin, qu'Adolphe était allé chercher, arriva au bout d'une demi-heure, et secoua la tête, mais ajouta, pour calmer l'an-

goisse qu'il lisait dans les yeux maternels : —
On peut espérer qu'elle se rétablira.

Vingt quatre heures après, Elise avait mis au
monde un enfant mort, et restait en proie au délire
le plus violent. Un petit cercueil fut commandé et,
bientôt, on emporta le corps de ce petit être, qui
ne devait connaître ni les joies, ni les douleurs
de la terre.

Adolphe, ayant obtenu un congé de huit jours,
restait assis avec sa belle-mère auprès du lit
d'Elise : pendant quelques heures seulement
chaque nuit il prenait un peu de repos pour céder aux sollicitations de Mme Kremer. Le soleil,
en se levant chaque matin, comme en disparais-
sant le soir derrière les tilleuls, trouvait toujours
celle-ci à la même place : il faisait glisser ses
rayons sur cette tête, où quelques cheveux ar-
gentés montraient déjà que la vie avait bien eu sa
part de soucis et d'angoisses.

Pendant cinq jours et cinq nuits la fièvre continua,
puis la nature parut reprendre le dessus. La patiente
garde-malade cédait alors pendant quelques minutes à une sorte d'assoupissement, mais le
moindre bruit la réveillait comme si elle eût été
atteinte par un courant électrique.

Le sixième jour, Mme Kremer céda aux prières
d'Adolphe et aux ordres du médecin et se mit au
lit, mais sans se déshabiller pour être plus tôt
prête en cas de besoin.

Adolphe veilla, en proie aux sentiments les plus opposés. Le temps était maintenant venu où il lui fallait un appui céleste pour ne pas succomber sous les coups de la douleur. Dans de pareils moments, on ne peut trouver de consolation que dans la prière : elle seule donne une force extraordinaire pour supporter tout ce que le Seigneur nous envoie.

Adolphe joignait les mains et disait en esprit les mêmes paroles qu'il eût prononcées à haute voix, en s'adressant à un supérieur respecté : mais la vraie ferveur, le désir d'être en communion avec le Tout-Puissant, la conviction que rien ne nous arrive sans sa volonté, et que toutes les épreuves qu'il nous dispense sont pour notre bien, tout cela lui était étranger.

Le neuvième jour arriva : c'était le moment critique de la maladie, celui qui déciderait de la vie ou de la mort. La mère, tout en se soumettant à la volonté de Dieu, conservait une espérance qui ne devait pas être trompée. Le médecin, qui revint dans l'après-midi, promit de passer la nuit auprès de la malade.

La fièvre augmentait de minute en minute, et un thermomètre placé sous l'aisselle, monta jusqu'à 40 degrés centigrades. Encore une légère augmentation de la chaleur du sang, et tout est fini, murmura le docteur en prenant toutes les dispositions qui pouvaient combattre l'élévation de la température intérieure.

Elise ne cessait de parler dans son délire.

— Quelle est cette belle prairie? disait-elle en mots entrecoupés. Voilà de superbes fleurs. Viens, petit pigeon, je te donnerai à manger. Viens, allons nous promener; allons à la gare. Ah! qu'est-ce qu'il y a là? — Et elle criait en regardant dans le vide, comme si un spectre se fût montré à ses yeux. Elle veut s'élancer hors de son lit et il faut la force réunie de trois personnes pour la contenir; enfin les muscles se relâchent, les nerfs se calment, et la jeune femme, laissant retomber ses bras, s'affaisse sur ses coussins.

On employa de la glace et l'on fit tout ce qui était possible pour rafraîchir ce corps en proie à une fièvre brûlante. Pendant quelques heures, on put croire que tout serait inutile et que le Dieu des miséricordes ne jugeait pas bon d'exaucer les ferventes prières qui montaient vers lui.

Le docteur pria enfin qu'on le laissât une demi-heure seul avec la malade : la crise se déclarait. Après dix minutes qui parurent un siècle, le thermomètre commença à descendre et le médecin laissa échapper de ses lèvres une exclamation de joie. Elise tomba bientôt dans un profond sommeil, et sa mère, s'apercevant que tout était tranquille, ne put s'empêcher d'entrer. Voyant sa fille sans mouvement, une pâleur mortelle sur le visage, elle avançait déjà sa main vers le cœur d'Elise, craignant que la vie ne se fût retirée, mais le docteur se hâta de la délivrer du pesant fardeau qui l'accablait depuis neuf jours. — Elle est sauvée, lui dit-il à l'oreille. Ce sommeil indique qu'elle ne doit pas maintenant quitter la vie : vos prières vous ont conservé votre enfant.

Madame Kremer s'agenouilla dans un coin de la chambre. Son visage portait les traces de longues veilles : elle avait les yeux enfoncés, les joues creuses, les cheveux en désordre. Ses lèvres s'agitaient, mais elle ne trouvait pas de mots pour exprimer ses sentiments. Son cœur débordait, et aucune larme ne venait mouiller ses yeux.

XXIII

Adolphe avait repris son service. Il avait dû payer son remplacement, et cette diminution dans ses recettes était une chose grave, vu les dépenses assez fortes qui lui incombaient pour frais de maladie. Les semaines suivantes furent bien pénibles ; lorsqu'il revenait à la maison, fatigué de son travail, il trouvait sa femme étendue sur son lit ; elle était encore loin d'un rétablissement complet qui lui permettrait de se passer de sa mère et de reprendre les rênes du ménage. Les forces qui

avaient disparu d'une manière si soudaine ne reve-
naient que fort lentement.

Mme Kremer suivait avec exactitude les pres-
criptions du médecin, ne négligeant rien de ce qui
pouvait contribuer à la guérison de sa fille. Elle
avait réduit ses propres besoins à l'indispensable,
afin de ne pas prendre, pour elle, la moindre pièce
de monnaie qui pût être employée au bien-être
d'Elise.

Une enquête sévère avait eu lieu à l'égard du
personnel dont Gräfe faisait partie, car on n'avait
pu cacher, à la direction, que ce malheureux avait
été victime de l'ivresse, ayant consommé avec ses
camarades un tonneau de bière, pendant le trajet.
Adolphe avait aussi dû comparaître, et craignait,
comme les autres, une punition exemplaire. Il
pouvait même, d'après le règlement, recevoir son
congé : que deviendrait-il alors, lui, homme marié ?

L'espérance et la soumission à tout ce que Dieu
lui enverrait, sentiments dont sa belle-mère lui
donnait toujours l'exemple, ne pouvaient plus, malheureusement, trouver chez Adolphe un terrain
propice pour se développer.

XXIV

Elise se remit plus lentement qu'on ne l'aurait
cru ; sa constitution étant délicate, elle ne reprit

le dessus que peu à peu. Elle ne put d'abord passer que des demi-journées hors de son lit ; se levant peu avant midi, elle restait dans un fauteuil jusque vers le soir, mais, après le dîner, elle était toujours saisie d'une grande fatigue et devait se recoucher quelques instants tout habillée. Le fer manquait à son sang et son corps souffrait du défaut d'oxigène. Si elle avait pu passer une bonne partie de ses dimanches au grand air, pendant les deux dernières années, il est très probable qu'elle n'aurait pas été affaiblie au point qu'une secousse nerveuse la mît au bord du tombeau.

Le salaire d'Adolphe n'était pas très élevé. D'autre part, il n'y avait plus à compter sur les gains d'Elise, et, si même ils n'eussent représenté qu'une somme insignifiante, c'était encore une perte sensible, vu que les dépenses étaient devenues beaucoup plus fortes.

Combien des convictions religieuses eussent été nécessaires à Adolphe. Or, il était allé à reculons à cet égard depuis qu'il avait cessé de fréquenter régulièrement la maison de Dieu! Dans certaines occasions, il fut de nouveau assez faible pour se laisser entraîner au cabaret, dans l'espoir de se débarrasser de ses tristes pensées. Il avait toujours la bonne intention de rester dans les limites de la tempérance, mais cette résolution manquait de fermeté et n'avait pas grande valeur.

Quand il avait vidé quelques verres dans la compagnie de ses amis et qu'on en était venu à une conversation très animée, il aurait fallu une forte mesure d'énergie pour quitter la place, et s'exposer aux moqueries et aux allusions désagréables de ses camarades. On restait donc ensemble et les heures s'écoulaient d'autant plus vite qu'on joignait à la conversation un autre divertissement, celui des cartes. On ne jouait, il est vrai, que pour des sommes insignifiantes, mais des pertes même petites avaient de l'importance pour Adolphe.

XXV

Il recommençait donc à rentrer souvent chez lui en état d'ivresse. Sa belle-mère, qui jusqu'alors ne s'en était pas aperçue, constata avec le plus grand chagrin ces habitudes déréglées.

Toutefois elle ne fit pas comme tant de belles-mères, qui regardent avec un verre grossissant les torts d'un gendre ou d'une belle-fille, et par là amènent la désunion entre les époux. Tout au contraire, la mère d'Elise trouvait pour les écarts d'Adolphe une excuse dans les pénibles circonstances de sa vie actuelle, dans sa position gênée et incertaine, dans l'excès du travail et la déplorable répartition de ses jours de repos.

Madame Kremer ne lui adressait pas même un

regard de reproche lorsque, en rentrant, il montrait par de sottes plaisanteries qu'il était en proie à une excitation malsaine : c'était bien le parti le plus sage, car une remontrance provenant de sa belle-mère ou de son épouse n'aurait fait que l'enfoncer toujours plus dans le bourbier.

La conduite d'Adolphe aurait rendu Elise bien malheureuse, si elle n'avait eu auprès d'elle un cœur maternel si chaud et si dévoué. Il lui tardait extrêmement d'être assez bien portante pour pouvoir travailler de ses mains et améliorer leur position, tout en retrouvant le contentement et la paix.

XXVI

Elise possédait chez ses parents une tire-lire et son père lui avait fait quelque don en argent toutes les fois qu'elle avait accompli un travail dans les champs, dans le jardin, ou lorsqu'elle avait apporté du chantier voisin un panier de sciure pour couvrir les sentiers, enfin quand elle avait mérité d'une manière spéciale les louanges de sa mère en achevant une paire de bas ou en raccommodant le linge avec soin. Dans toutes ces circonstances, le bon père préparait un plaisir à sa fille en lui donnant à l'heure du repas, pour sa tire-lire, une pièce de monnaie, de plus ou moins de valeur, suivant l'importance du travail accompli. Autant que possible, il choisissait une de ces pièces qui, pour Elise, brillaient comme l'or.

Quelquefois, il apportait dans la chambre une quantité de vieux papiers, et chargeait sa fille d'en faire des enveloppes de lettres ; il lui donnait un centime pour chacune. C'est ce que lui aurait coûté l'achat des enveloppes, dont il faisait une grande consommation pour son service. Tout en procurant ainsi à Elise de petites sommes, il l'habituait au travail et à l'économie.

La petite fille, à peine âgée de six ans, prenait sa feuille de papier, traçait au crayon le contour de l'enveloppe à l'aide d'un modèle placé dessus, et cela d'une main aussi ferme que s'il eût été question de faire le plan d'un édifice ; puis, après s'être assurée que les traits étaient bien droits, elle prenait de grands ciseaux et coupait l'enveloppe, qu'il restait ensuite à plier et à coller. Le collage fut dans le début le point le plus délicat pour notre ouvrière, et c'était avec joie qu'elle passait à une autre enveloppe lorsque la précédente avait bien réussi. Le pinceau placé dans le pot à colle se trouvait malheureusement toujours imbibé de liquide jusqu'au manche : aussi Elise éprouvait-elle pour cet instrument une antipathie qu'elle avait peine à surmonter. La petite fille, après avoir aligné les produits de son travail sur la commode, sur les chaises, et même sur le plancher, les examinait de nouveau quand ils avaient eu le temps de sécher.

Au commencement de la carrière d'Elise dans cette fabrication, elle ne pouvait placer sur le linge qui protégeait la table qu'une seule enveloppe bien réussie : déjà la seconde laissait voir des traînées désagréables sur le côté réservé pour l'adresse. Le tablier de l'ouvrière portait aussi à cette époque de trop nombreuses traces de son travail, et lorsqu'elle s'était appliquée pendant une heure, elle avait de la peine à séparer ses doigts les uns des autres ou à les dégager des ciseaux. Mais elle fit bientôt des progrès dans son art. Son père lui montra souvent la meilleure manière de s'y prendre; elle arriva à couper plusieurs feuilles à la fois et à coller d'un seul coup de pinceau une série d'enveloppes : en un mot elle arriva à *fabriquer,* dans le vrai sens du mot, et, après chaque quantité terminée, elle comptait avec soin la recette qui venait s'ajouter à ses épargnes précédentes.

Ainsi, au moment de sa confirmation, Elise possédait déjà une jolie somme, fruit du travail de ses années d'enfance, mais le profit qu'elle avait tiré de ses gains au point de vue moral était bien plus précieux encore.

L'éducation paternelle avait contribué à développer la reconnaissance dans le cœur d'Elise : si elle se rappelait quelquefois avec peine certains moments où son père l'avait traitée avec rudesse, ce souvenir était vite effacé par la pensée de toutes les marques d'affection dont elle avait été l'objet. Pendant la maladie de la jeune femme, son père, profondément inquiet, ne cessa de s'informer par des lettres fréquentes du cours que prenaient les choses. La mère n'osa pas, tant que sa fille était en danger, révéler à son mari toute la gravité du mal, elle se borna à lui écrire qu'elle espérait pouvoir lui annoncer bientôt la convalescence.

Mme Kremer, renseignée par le médecin, savait à quel point sa fille avait été près de la mort. Aussi, dans les semaines qui suivirent, un seul sentiment remplissait son cœur : la reconnaissance envers celui qui avait détourné le coup fatal.

Lorsque le père reçut les lettres qui lui annonçaient une amélioration décidée dans l'état d'Elise, que se passa-t-il en lui ? Le cœur des hommes est souvent fait de manière qu'il ne se trahit pas, même lorsque l'espérance la plus chère lui est enlevée. Kremer avait souvent envoyé, dans la mesure de ses moyens, de petites contributions pécuniaires pour subvenir aux dépenses extraordinaires de la maison d'Adolphe : Elise et sa mère en avaient été fort reconnaissantes. Les parents d'Adolphe, de leur côté, avaient fait de même, et toujours ces envois d'argent avaient servi à payer des dettes impérieuses. Elise tenait bien de sa mère l'habitude de ne rien prendre à crédit, mais il avait fallu céder à la nécessité : les dépenses occasionnées par sa maladie avaient tout à fait rompu l'équilibre dans le budget du jeune ménage.

Lorsque Adolphe recevait la nouvelle d'un envoi provenant de son père ou de son beau-père, il se laissait aller à toute la joie de son cœur et ne pouvait s'empêcher d'y donner essor en allant boire avec quelques amis. Elise s'apercevait bien que son mari lui apportait moins d'argent qu'autrefois, mais Adolphe prétextait toujours des dépenses inévitables ou des retenues faites par la direction dans tel ou tel but.

Ce qui était le plus grave, c'est qu'Adolphe avait déjà contracté des dettes dans les brasseries qu'il fréquentait le plus. Entraîné par la tentation de se procurer un peu de bien-être et n'ayant pas les moyens de payer consciencieusement tout ce qu'il consommait, il passa d'un premier degré du vice au second ; le goût de la boisson l'avait conduit aux dettes : c'était le commencement d'un affreux tourbillon qui devait envelopper le malheureux et le mener à sa ruine.

La mère d'Elise avait fait remarquer à sa fille qu'ils pourraient se procurer un profit assez important en meublant une chambre pour la louer à quelque jeune homme. Cela te ferait un joli supplément pour ton ménage, lui dit-elle, et puisque Adolphe t'apporte toujours moins, je ne serais pas tranquille à la maison en pensant que tu manques souvent du nécessaire. C'est ce qui m'a suggéré cette idée ; sans doute cela te donnera du travail, mais je pense qu'il vaudrait mieux restreindre tes ouvrages à l'aiguille. Comme je serais contente si l'exécution de mon plan pouvait t'être avantageuse sous le rapport pécuniaire !

— Oh ! reprit Elise avec entrain, c'est bien là une de tes idées pratiques, et, sans doute, tu as déjà pesé mûrement le pour et le contre, aussi je pense que ce sera pour nous une vraie bénédiction. Le travail qui en résultera mérite à peine ce nom, et je serai heureuse de soulager Adolphe par ce moyen. Ah ! les choses ne sont plus comme elles devraient l'être chez nous ! — Et soudain, envahie par cette triste pensée, elle fondit en larmes en cherchant un refuge dans le cœur de sa mère.

— C'est le travail d'Adolphe, poursuivi même le dimanche, ajouta-t-elle, c'est cette vie au dehors, qui gâte son caractère et cause tous ces écarts. Et, en outre, il y a les mauvaises compagnies. Je n'aurais jamais cru auparavant que les employés du chemin de fer fussent pour la plupart si corrompus: ils se moquent de la piété, comme si elle n'était bonne que pour les vieilles femmes, et celui qui irait une seule fois à l'église serait tourné en ridicule par les autres. Adolphe a cependant un bon naturel, et je n'aurais jamais pu m'imaginer qu'après deux ans de mariage, toute espèce de joie et de contentement dans notre vie disparaîtrait. Je suis peut-être trop égoïste de me plaindre, car la femme doit rester ferme et courageuse, même dans les jours mauvais, et s'efforcer de relever son mari. Que Dieu me pardonne si j'ai manqué à mes devoirs par ignorance ou par faiblesse ! Ah ! que je serais heureuse si tout redevenait comme dans les premières semaines de notre mariage ! Je n'aurais plus rien à désirer.

Aucun nuage ne troublait alors notre ciel, et les soucis étaient pour nous une chose inconnue, car tout était bien réglé chez nous sous le rapport de l'argent. Adolphe avait dans la semaine, il est vrai, un travail fatigant, mais qui lui permettait cependant de rentrer quelquefois pour me tenir compagnie, puis chaque dimanche m'apparaissait comme une vraie bénédiction ; jamais dans mon enfance je n'avais vu arriver ce jour avec autant de joie et de reconnaissance.

Le matin, nous allions à l'église, et, l'après-midi, la belle nature nous offrait ses trésors. Mais cela ne devait pas durer, dès que le service d'Adolphe a été augmenté, un changement complet a été apporté dans notre existence. Hélas ! si mon cher mari pouvait au moins s'arrêter dans cette mauvaise voie et ne pas se laisser accabler par les soucis !

— Prends courage, chère enfant, répondit sa mère, tu sais que Dieu est toujours vivant. Relève la tête et suis le droit chemin : c'est tout ce que tu as à faire. Il nous faut accepter avec courage les dispensations providentielles que nous ne pouvons comprendre. Chassons ces pensées tristes, puisque le médecin te défend toute émotion, et allons faire une petite promenade ; cela te fera du bien. En marchant, nous parlerons tout à notre aise de notre nouveau projet et nous l'exposerons à Adolphe ce soir, puisqu'il doit rentrer à six heures.

Après s'être vêtues chaudement, elles suivirent l'allée de tilleuls, qui ne montraient plus que des rameaux dénudés, et se dirigèrent hors de la ville.

La première neige était tombée peu de jours auparavant et s'étendait sur les prairies comme un blanc tapis parsemé d'innombrables diamants; c'était le linceul de la nature.

Aucun bruit ne se faisait entendre, sauf le crépitement de la neige sous les pas. A une demi-heure de la ville se trouvait une croisée de chemins, de là une route plus directe pouvait ramener chez Elise en un bon quart d'heure ; c'était cette promenade que la mère avait choisie.

L'atmosphère fortifiante de l'hiver colorait les joues d'Elise et réveillait en elle la vie et la santé. Toutefois un sentiment de tristesse parcourut son âme lorsqu'elle pensa au prochain départ de sa mère. Celle-ci, de son côté, n'envisageait pas cette séparation sans angoisse.

Elles étaient arrivées sans mot dire jusqu'au

carrefour où il fallait tourner vers la ville. Ce changement de direction les arracha à leurs méditations ; Elise fit entendre un profond soupir, tandis que sa mère, maîtresse de ses sentiments, avait repris toute son énergie. Elle commença à reparler de l'affaire de la chambre, et la jeune femme répondit avec une vivacité de plus en plus grande, comme pour chasser de son cœur toute espèce de tristesse.

Lorsqu'elles n'étaient plus qu'à quelques centaines de pas de la ville et qu'elles pouvaient déjà en entendre confusément les bruits, elles aperçurent de pauvres moineaux, presque apprivoisés par la faim, qui se laissèrent approcher sans crainte. Elise trouva dans sa poche quelques miettes, qu'elle leur jeta : ces faibles créatures n'étaient-elles pas susceptibles de souffrance aussi bien qu'elle-même ? Le peuple affamé voleta bientôt de toute part autour d'elle, et lorsque la provision fut épuisée, ils ne cessèrent de regarder du côté d'où leur était venu ce bienfait. Puis, en poussant de petits cris *de reconnaissance, ils volèrent plus loin à la recherche de quelque autre ressource. Malgré les longues et rudes privations de l'hiver, ces petits animaux se trouvaient encore heureux de vivre.

Après avoir parcouru quelques rues peu animées, la mère et la fille atteignirent leur maison et montèrent les trois étages. Elles retrouvèrent dans l'appartement une chaleur bienfaisante, se débarrassèrent de leurs manteaux et se mirent à préparer le souper, car Adolphe devait être là dans un quart d'heure.

Cependant six heures sonnèrent, puis six heures et demie, et Adolphe ne rentrait pas. Après sept heures, elles commencèrent à souper, et Elise fut envahie par une inquiétude visible.

— Le train, lui dit sa mère pour la tranquilliser, peut bien avoir un retard notable.

Mais cette supposition ne se vérifia pas. C'était une autre cause qui retenait Adolphe loin de chez lui. Le train était arrivé à l'heure exacte. Adolphe, portant sa lanterne sur sa poitrine, avait dû suivant la règle, jeter encore un rapide regard sur le tableau noir de la station, pour pouvoir prendre ensuite le chemin de sa demeure, s'il ne se laissait pas entraîner par un camarade à prendre quelque rafraîchissement. Mais le tableau noir trompa son attente, car on y lisait l'avis suivant : Le conducteur Vetter, le serre-frein Liebmann (et quelques autres) doivent se présenter aussitôt au chef de gare.

Qu'est-ce que cela pouvait être? Adolphe n'aimait pas à réfléchir longtemps, et au bout de quelques secondes il était debout devant son supérieur.

— Liebmann, dit celui-ci avec une certaine solennité, voici une nouvelle qui vous sera désagréable, mais en même temps rassurante. Vous savez que, quand le directeur apprit les circonstances de la mort de Gräfe, et qu'il sut que les employés avaient organisé ce jour-là un vrai débit de boisson, il avait laissé voir qu'il procéderait contre eux avec la plus grande sévérité. Vous savez aussi que les femmes des susdits employés ont sollicité une audience du directeur. Votre belle-mère y était aussi, je puis vous le dire maintenant, car elle m'avait recommandé de n'en pas parler tant qu'un résultat favorable ne serait pas obtenu. Ce résultat m'a été communiqué tout à l'heure ; vous pouvez lire.

Adolphe prit en tremblant la feuille qu'on lui tendait ; c'était un arrêté de la direction, ainsi conçu :

« L'enquête concernant la mort d'Emile Gräfe, serre-frein, a démontré que le personnel du train avait emporté dans le fourgon un tonneau de bière pour en user dans le trajet, et que ce tonneau était vide à l'arrivée du train 94 à la dernière station. Il est prouvé d'après le rapport des témoins que les employés de ce personnel se sont trouvés le dit · jour en état d'ivresse pendant leur service.

« Quoique nous eussions premièrement résolu de congédier les coupables, en vertu de l'article 5 du règlement de service, nous consentons cependant pour cette fois à les maintenir dans leur emploi ; mais, vu la transgression ouverte de leurs devoirs, nous leur infligeons comme châtiment la retenue d'un mois de leur paye, retenue qui sera opérée en trois fois. En outre, nous vous avertissons, vous Liebmann que si, contre toute attente, vous vous laissiez aller encore à une pareille faute, vous seriez aussitôt renvoyé d'une manière définitive.

« Votre promotion à l'emploi de contrôleur est aussi, d'après ce qui s'est passé, indéfiniment ajournée. »

Adolphe avait lu jusqu'au bout. C'étaient de rudes paroles, mais il pouvait cependant être content de cette issue, puisqu'il ne perdait pas son gagne-pain.

— Faites bien attention, lui dit M. Müller, le chef de gare. On ne fera pas beaucoup de procédure une autre fois, si l'on remarque qu'un employé est incorrigible et indigne d'être traité avec douceur. Vous êtes marié, et, si vous vous conduisez mal, vous entraînez avec vous votre femme dans la misère. — Comment se fait-il, Liebmann, ajouta-t-il en quittant le ton d'un supérieur pour prendre celui d'un protecteur et d'un ami, comment se fait-il que vous ayez tellement changé à votre désavantage? Pendant les années où vous étiez employé dans mon bureau, j'ai toujours été content de vous et de vos services ; mais, depuis que vous êtes dans les trains, tout est bien différent. La conduite de nos employés dans leur vie privée m'est connue, et il me semble que vous ne faites pas choix d'une bonne compagnie: Gugler et Fiebel en particulier sont trop enclins à la boisson ;

quant au plus coupable de tous, il a payé sa légèreté de sa vie. Je vous mets cela sur le cœur ;
prenez garde à vous, et pensez à votre femme.

Adolphe sortit, et les paroles si sages qu'il avait
entendues s'arrêtèrent à la surface de son âme ;
peut-être eussent-elles produit quelque bonne résolution s'il ne se fût trouvé, immédiatement
après, en contact avec le monde extérieur. Il entendit la voix de son collègue Gugler, qui était
entré vers le chef de gare immédiatement avant
lui, pour recevoir la même communication et les
mêmes avertissements ; mais M. Müller n'y avait
pas ajouté une exhortation paternelle, car il n'y
avait pas d'autres rapports entre Gugler et lui
que ceux d'un employé à son supérieur.

— Il nous faut prendre quelque chose pour
nous fortifier et chasser cette impression désagréable, disait Gugler. C'est bien dommage que le
premier du mois ne revienne pas plus souvent
dans l'année. Ainsi l'employé de chemins de fer
n'a que douze jours de fête par an. Mais voici
Liebmann, ajouta-t-il, lorsque Adolphe sortit de
la gare, tenant le sinistre papier à la main.

— Hé ! Liebmann, je crois vraiment que tu veux
rentrer chez toi par le chemin le plus direct ! Mais
il n'en sera pas ainsi. Est-ce que nous nous fati-
guons pendant un mois pour donner notre argent
aux femmes, jusqu'au dernier centime ! La direction nous a tondus un peu court, et après la peur

que nous avons eue, nous pouvons bien nous
accorder un verre.

— Pas aujourd'hui, répondit Adolphe. Il faut que
je rentre tout de suite.

— Ne dis donc pas de bêtises, reprit Gugler en
le tirant par sa manche. Nous prendrons seulement
une chope, sans nous arrêter, puis nous irons d'un
pas ferme, cela va de soi, vers nos « vieilles, » qui
attendent avec impatience un peu de monnaie.

— Laisse-moi au moins aller toucher mon traitement, reprit Adolphe.

Gugler l'accompagna. On ne le laissait pas partir,
se disait-il à lui-même pour s'excuser, et son foyer
ne se montra que d'une manière fugitive à sa pensée.

— Bravo, Liebmann, te voilà aussi ! cria une
voix de l'intérieur de la tabagie. Tu fais bien d'être
le troisième ; je voulais venir ici avec Gugler, mais
il a prétendu qu'il t'amènerait et m'a dit de le précéder.

C'était Fiebel qui s'exprimait ainsi.

— Il nous faudra bien boire quelques verres de
plus, ajouta-t-il, jusqu'à ce qu'arrive la diminution
que nous subirons pendant trois mois de suite.

Adolphe prit place derrière sa chope, mais il
semblait ne pas être tout à fait à l'unisson avec ses
camarades. Il pensait à sa demeure, mais, suppo-
sant que la boisson le délivrerait de ses soucis, il
vida son verre d'un seul coup, puis en demanda
un second.

Après l'avoir bu, il lui était déjà plus difficile de quitter ce petit cercle : on s'y trouvait à l'aise, il y avait de l'argent dans les poches et tous les visages étaient joyeux. Ici on n'avait pas besoin de poursuivre ses pensées comme si on avait quelque chose sur la conscience ; on avait au contraire le droit d'être de bonne humeur. Après cela, vogue la galère !

C'est ainsi qu'Adolphe s'habituait insensiblement à des joies matérielles et grossières. La bière faisait d'autant plus de plaisir qu'on en prenait davantage, la conversation s'animait toujours plus. et toute idée de retour chez soi fut rejetée à l'arrière-plan.

— Donnez-nous les cartes avec la planche et la craie, cria Gugler ; nous ferons une partie de *soixante-six*, ajouta-t-il, bien assuré de l'approbation des autres. Et il commença à mêler les cartes avec dextérité.

Cependant il était onze heures ; les autres clients du cabaret étaient déjà partis, lorsque Gugler, prenant la planche du jeu, y traça des lignes à la craie, et la divisa ainsi en huit compartiments, qui furent divisés comme suit : 7, 8, 9, 10, B, D, K, A.

Adolphe commençait à comprendre ce qui allait se passer, mais il dissimula son ignorance en fait de cartes et attendit la suite d'un air indifférent.

— Messieurs, dit Gugler, jusqu'ici nous nous

sommes bien amusés, mais nous n'avons pas encore eu le meilleur : il nous faut faire un petit jeu. Seulement un quart d'heure, ajouta-t-il, remarquant qu'Adolphe consultait sa montre ; nous nous en irons ensuite ensemble. Je vais tenir la banque pour la première taille. D'ailleurs nous ne voulons pas nous écorcher mutuellement ; c'est seulement pour se distraire.

Adolphe considérait ces lignes en croix, semblables à une toile tissée par le démon, et destinées sans doute à enrichir le banquier. Il ne s'était pas adonné jusqu'alors aux jeux de hasard, mais cette fois il s'agissait d'un vrai jeu d'argent. Adolphe y avait assisté une fois, il y avait plus d'un an, et avec une louable fermeté, il avait refusé d'y prendre part. Tel de ses collègues avait dans la soirée gagné quelques thalers, tel autre en avait perdu dix. Gugler, qui avait tenu la banque ce jour-là, avait gardé le silence sur ce qui le concernait, mais on pouvait croire qu'il avait gagné une somme assez importante.

En se reportant à ce souvenir, Adolphe s'étonnait d'avoir pu résister à l'entraînement ; il fallait, se disait-il, qu'il eût encore à cette époque des idées bien étroites. Alors, en effet, il s'attachait au souvenir de la maison paternelle, et se maintenait ainsi à un certain niveau moral.

Mais aujourd'hui apparaissait dans sa vie un fait significatif ; c'est qu'il ne se détournait pas par faiblesse et en luttant, mais parce que sa volonté commençait à être corrompue.

— J'exposerai quelques centimes pour plaisanter, pensa-t-il, et il tira son porte-monnaie. — Encore une fois l'image de ses parents se présenta à lui. Il savait bien que son père, ce simple artisan aux vues si droites, condamnait énergiquement tout jeu de hasard.

Dans son enfance, Adolphe avait bien lu plusieurs histoires, dans lesquelles un joueur, après avoir perdu, cherche à récupérer son argent en doublant ses mises; il continue à perdre jusqu'à ce qu'enfin son bon génie se cachant tout à fait, le diable lui souffle à l'oreille qu'il faut hasarder le reste de son bien, afin de tout regagner en un coup. Puis, lorsque tout est perdu, le joueur, devenu mendiant, met fin à ses jours avec la poudre et le plomb. Le croupier, qui a entendu la détonation et apprend ce qui vient de se passer, se borne à dire avec indifférence : « C'est un accident, Messieurs, un pistolet a été déchargé par hasard. *Faites votre jeu, Messieurs ; rien ne va plus !* »

Adolphe ne poursuivait pas dans son souvenir cette histoire jusqu'à son dernier acte. Les exhortations de Gugler à montrer du courage l'avaient entraîné, et il avança une petite pièce de monnaie. C'est ainsi qu'il paya son premier droit d'entrée dans ce gouffre infernal.

Ayant eu du bonheur pour commencer, et tout

joyeux d'avoir à sa portée une source de gain si facile, il hasarda sur plusieurs compartiments des mises toujours plus fortes. Il continua à gagner, et ses premiers succès l'enrôlèrent, malheureusement pour toujours, dans cette funeste habitude.

Il était plus de minuit. L'hôtesse endormie de fatigue, ne pouvait plus s'apercevoir qu'on se livrait à des jeux défendus ; elle ne voyait plus rien, et n'entendait absolument que le son produit sur un verre pour indiquer que l'on demandait quelque chose ; c'est l'ouïe, en effet, comme la science nous l'apprend, qui, de tous les sens, s'endort le dernier. La pendule continuait son tic-tac monotone, indiquant aux hommes assis autour de la table, qu'une minute, puis une heure, était effacée de leur vie et qu'ils s'étaient approchés de la tombe d'un pas de plus. En vain les douze coups avaient sonné d'une manière solennelle ; les joueurs pensaient qu'ils auraient toujours assez de temps pour dormir ; ils ne connaissaient pas de devoirs dans cette vie. Leur emploi n'était qu'un mal nécessaire pour leur procurer du pain, ou plutôt de la bière et du tabac.

Peu après minuit, Adolphe avait gagné quelques écus, et des sentiments tout nouveaux s'agitaient dans son cœur. C'était comme s'il eût découvert la baguette enchantée de la fable ; l'argent allait abonder désormais sans peine ni fatigue : cela ne pouvait pas lui manquer. Aussi commença-t-il à hasarder un écu d'un seul coup, mais il ne gagna qu'une fois, et ensuite plusieurs de ses pièces passèrent dans la poche du banquier.

— C'est étrange, pensa Adolphe ; mais cela va bientôt se réparer. Il continua, et ses écus disparurent l'un après l'autre. Le banquier lui ayant généreusement offert un grog très fort, il l'avala et se trouva dans un état d'excitation tel que le bon sens avait tout à fait disparu ; maintenant la passion seule le dirigeait.

Son traitement était encore intact dans sa poche, mais tout ce qu'il avait gagné en sus était perdu. Pour le regagner, il fallait hasarder encore quelques thalers.

La chance ne lui était pas favorable ; aussi la sueur ruisselait sur son front, son œil étincelait ; il tira de sa poche tout ce qui lui restait et le hasarda sur un roi. Je veux regagner ce que j'ai perdu ou n'avoir plus rien ! dit-il. Et il riait d'un air forcé. Feignant le plus grand calme, comme cela convient à un banquier, Gugler donna les cartes : le roi tomba du bon côté, mais comme dernière carte, et, d'après les règles du jeu, elle ne devait pas être payée.

— Cela ne va pas, s'écria Adolphe, en frappant violemment sur la table. L'hôtesse s'éveilla en sursaut et crut rêver en s'apercevant que c'était bientôt une heure du matin. Elle se leva aussitôt et s'approcha de la table.

— Messieurs, il faut cesser maintenant, l'heure est bien passée. Je puis être à chaque instant surprise par un agent de police et avoir cinq thalers d'amende à payer ; je sais bien ce qu'il en coûte.

— Encore une seule taille, lui dit Gugler, tâchant de l'émouvoir.

— Non, non, dit-elle, cela ne se peut pas. Demain, ou plutôt ce soir, vous pourrez continuer tout à votre aise.

— Eh bien, tu peux être content, dit Fiebel à Adolphe, pendant que Gugler réglait avec l'hôtesse, puisque tu peux encore remporter ce que tu avais placé sur le roi. Reprends vite ton argent, tu ne comprends pas encore bien les choses : on le voit à ta manière de jouer. Je n'expose qu'une fois à chaque taille, et j'ai pourtant gagné quelque peu.

A l'entendre, son gain ne s'élevait jamais au-delà de quelques centimes.

— Mais on a en outre un ou deux verres de bière gratis, continua Fiebel, sans compter les boissons que l'on peut gagner au jeu. Par exemple, le grog est excellent ; on peut dire à l'honneur de Mme Lehnen qu'elle s'entend à merveille à le préparer, et cela fait du bien par ce froid.

Après avoir payé la dépense, Gugler rejoignit ses collègues. On vida les verres jusqu'au fond et l'on se prépara à partir, tandis que l'hôtesse, cherchant à accélérer autant que possible les mouvements trop lents de ses clients, éteignait les becs de gaz l'un après l'autre.

Tous se hâtèrent de passer dans la rue avant d'être dans une obscurité complète.

Adolphe ne rapportait pas même à la maison la moitié de son salaire mensuel. Jusqu'à ce moment, l'atmosphère épaisse qui l'avait entouré l'avait délivré de toute pensée sérieuse, mais à cette heure, saisi par le froid de la nuit, il commençait à éprouver un sentiment pénible, celui de tout joueur débutant et perdant pour la première fois une somme considérable. En outre, la fatigue et l'épuisement se faisaient sentir; il soupirait après le repos, et surtout après le sommeil, qui lui ferait oublier ses pertes.

S'il avait pu revenir directement de la gare chez lui, quel désastre n'aurait-il pas évité ! Ne fallait-il pas qu'à ce moment Gugler l'épiât pour l'entraîner aux *Trois Cygnes*? C'eût été une impossibilité pour Adolphe de s'y soustraire. Mais ne pourrait-il pas regagner ce qu'il avait perdu? La chance lui serait une autre fois favorable, et il pourrait alors rapporter un gain de quelque importance.

Arrivé devant sa demeure où brillait encore une lumière, il essaya en vain pendant plusieurs minutes d'ouvrir la porte d'entrée et s'aperçut que ce n'était pas la bonne clef qu'il avait sur lui, mais plutôt une grosse clef de cave.

Mme Kremer avait fait coucher sa fille, promettant d'attendre Adolphe. L'entendant appeler et siffler, elle alla à la fenêtre, et son gendre lui cria de jeter la clef en la laissant tomber contre le mur ; ce qu'elle fit.

Adolphe, qui tenait sa casquette à la main pour la recevoir, entendit un léger bruit sur le trottoir : le poids de la clef avait transpercé le drap, et elle était tombée à terre. Il ne fit que rire de l'aventure, mais fut ensuite de fort mauvaise humeur en pensant qu'il avait mis hors de service sa casquette d'uniforme. Il ouvrit, monta les trois étages et entra sans bruit : sa belle-mère était venue à sa rencontre dans le corridor pour l'éclairer.

— Qu'est-ce que tu as donc fait là ? cria-t-il d'une voix haletante ; regarde le fond de ma casquette ! Je ne puis plus m'en servir et il faudra m'en acheter une neuve.

Mme Kremer ne répondit rien, sachant par expérience que c'était la meilleure conduite à tenir lorsque Adolphe était en état d'ivresse. Sans lui faire le moindre reproche sur sa rentrée tardive, elle lui apporta aussitôt de la cuisine le souper, qui avait été gardé au chaud pendant plusieurs heures.

— Le souper ! c'est bien, car je n'ai rien mangé, dit-il en balbutiant, et je m'aperçois à présent que j'ai une faim de cannibale. Il se mit à manger, naturellement sans aucune prière, cette habitude pieuse d'autrefois ayant été complètement mise de côté depuis qu'il mangeait si souvent dehors.

La mère avait pris place vers la table et tricotait. Le silence n'était troublé que par le bruit des aiguilles et celui que faisait Adolphe en mangeant.

Après avoir satisfait son appétit, le jeune homme put donner un autre cours à ses pensées, et un sentiment de honte commença à se glisser dans son cœur. Il voyait sa belle-mère et sa femme remplir leurs devoirs avec persévérance et sans jamais se lasser, malgré toutes les raisons qu'elles auraient eues d'être fâchées contre lui, et lui, au lieu de revenir à six heures, était rentré après une heure du matin, en état d'ivresse, et avec un salaire mensuel fort entamé par le jeu.

— J'ai là une lettre qui t'intéressera sans doute, dit-il à sa belle-mère.

— De Kremer, demanda-t-elle avec empressement et en cessant de travailler, ou peut-être de tes parents ?

— Pas le moins du monde ; tu vas voir, reprit-il, en lui donnant le décret de la direction.

Mme Kremer y jeta un coup-d'œil rapide et se sentit soulagée. Ainsi, Adolphe et Elise n'étaient pas menacés dans leur existence, et, avec l'aide de Dieu, tout pouvait rentrer dans le bon chemin. Sans doute, c'était un rude coup au point de vue pécuniaire que cette retenue pendant trois mois, mais Celui sans la volonté duquel rien n'arrive les aiderait sans doute.

Elle rendit la feuille à Adolphe en remarquant que, malgré une circonstance si fâcheuse, il était encore possible avec de la bonne volonté de remettre l'ordre dans la direction de leur ménage.

Ce conseil n'était point agréable à Adolphe, car sa nouvelle passion lui présentait toutes sortes d'images entraînantes. Pour ne pas continuer la conversation, il souhaita le bonsoir à sa belle-mère et alla se coucher. Celle-ci ne tarda pas à faire de même, non sans s'être agenouillée, comme elle le faisait toujours, et avoir remercié Dieu pour ses bienfaits.

XXVII

Adolphe put dormir à son aise, car il ne recommençait son service qu'à dix heures. Lorsqu'on se trouva assis pour prendre le café du matin, Mme Kremer souleva la question de la chambre à louer.

— Vous ne vous servez presque pas de cette belle chambre sur la rue, je crois que vous pourriez vous en passer tout à fait. Comme vos dépenses augmentent, il faut bien penser à quelque moyen d'augmenter aussi les recettes. Je pense que pour une chambre de ce genre, vous en tirerez facilement quatre thalers par mois.

— J'approuve tout à fait votre idée, dit Adolphe, et je suis seulement étonné qu'on ne l'ait pas eue plus tôt.

Il devait bien accueillir tout ce qui procurerait quelque argent à sa femme. Elise pourrait par là suffire aux dépenses du ménage, et il n'aurait pas besoin de se plier à des habitudes d'économie trop gênantes. Ses camarades, qui étaient aussi mariés, voulaient jouir de la vie et pensaient avant tout à eux-mêmes. Adolphe se disait donc : Je ne vois pas pourquoi je ferais un métier de dupe. Ce sont mes collègues qui ont raison.

Elise l'ayant prié de penser à leur chambre meublée, lorsque l'occasion lui ferait rencontrer quelque employé honorable qui en chercherait une, Adolphe promit de ne pas l'oublier.

— Du reste, dit-il après un moment de réflexion, je pense à une chose. J'ai vu, il y a deux ou trois jours, Körne, le secrétaire-adjoint, que tu connais bien, Elise, car je te l'ai présenté une fois. Il m'a dit qu'il voulait changer de demeure et louer une chambre plus près de la gare, pour ne pas avoir à faire un long trajet quatre fois par jour, surtout en hiver.

— Nous pourrions le prendre en toute sûreté, dit Elise, je n'ai entendu dire que du bien de lui. C'est un homme tranquille et rangé.

On causa encore quelques instants, puis Adolphe se prépara à partir.

— As-tu déjà reçu ton mois ? se hasarda à lui dire Elise. Elle et sa mère avaient usé de la plus grande économie, pour faire durer leur argent jusqu'à ce jour, mais elles n'auraient pu aller plus loin.

— Ah ! dit Adolphe, tu fais bien de me le rappeler ; je l'avais presque oublié.

Cependant ce fut avec répugnance qu'il tira son porte-monnaie et remit à sa femme la plus grande partie du contenu. Il ne garda que quelques thalers pour ses besoins en voyage.

Elise venait donc de recevoir, pour l'entretien de la maison, une somme moins forte que jamais ; une ombre parut sur son visage, mais elle ne dit rien, songeant à la retenue qu'Adolphe avait dû subir ; elle lui souhaita un heureux voyage, et Adolphe se hâta de partir.

Il faudrait maintenant s'imposer bien des privations pour réduire les dépenses au niveau des recettes. Elise cacha la plus grande partie de l'argent reçu, et ne prit que le strict nécessaire pour se procurer les denrées les plus indispensables.

XXVIII

Quelques jours après, Adolphe en rentrant chez lui, rencontra le secrétaire Körne, et, tout content de pouvoir déjà faire la tentative qui lui avait été recommandée par sa femme et sa belle-mère, il lui demanda s'il était pourvu d'un logement.

— Non, répondit Körne, je n'ai encore rien trouvé de convenable.

— Je puis vous en indiquer un, dit Adolphe. Ma femme cherche à louer une chambre meublée ; nous pouvons nous passer de notre meilleure chambre quand nous ne sommes que deux, et ma belle-mère repart dans huit ou quinze jours. Vous n'aurez qu'à y penser.

— Oh ! cela me semble pouvoir très bien me convenir. L'exposition est favorable, j'aime bien à respirer un air pur, et il arrive directement chez vous depuis les tilleuls de la promenade. Cela ne me fait rien de monter trois étages.

Puisque vous allez à la maison, vous pouvez me montrer cette chambre.

— Si vous avez le temps, je ne demande pas mieux.

Ils se dirigèrent donc chez Adolphe.

— La direction nous a joliment tondus, reprit

celui-ci, à cause du malheur de Gräfe. Vous êtes au courant de la chose, c'est vous qui avez écrit les feuilles.

— On a eu cependant de l'indulgence, lui répondit Körne d'un air sérieux, le règlement autorisait un renvoi. On ne peut pas tolérer des choses pareilles, lorsque la vie des hommes est en jeu et qu'un matériel considérable est exposé. Aussi, si j'ose vous donner un conseil, Monsieur Liebmann, ne vous liez pas trop avec Gugler et Fiebel, ils ne jouissent pas d'une grande estime auprès de l'administration.

Ils étaient arrivés et entrèrent auprès d'Elise.

—Voici Monsieur Körne, qui vient voir notre chambre, dit Adolphe.

Le jeune homme parut tout à fait content de son inspection : il regarda par la fenêtre du côté des tilleuls, maintenant dépouillés ; on pouvait apercevoir au-delà une partie de la ville et le clocher de l'église, qui n'appelait pas en vain Körne chaque dimanche. Il se plaisait ici, de sorte qu'il fut bientôt d'accord avec Elise pour le prix, et se retira en annonçant qu'il s'installerait dans quelques jours.

Après son départ, on se mit à dîner, puis Adolphe se reposa pendant une demi-heure; Elise, qui avait toujours les yeux sur la pendule, le réveilla à l'heure convenable, pour qu'il pût boire une tasse de café avant de partir.

Adolphe se dirigeait vers la gare en pressant le pas. Il était fort content d'avoir loué sa chambre, car cela tournerait au profit d'Elise et, par suite, à son propre avantage, considération qui avait surtout du poids pour lui. Dans cette joyeuse disposition, il pouvait bien s'accorder un verre de bière. N'est-ce pas la bière qui console du vide de la bourse, lorsqu'on commence à boire à crédit, et qui, dans toutes les circonstances un peu extraordinaires, doit servir à calmer les émotions ? En un mot, la bière n'est-elle pas la seule force motrice dans la vie d'un grand nombre d'hommes tels qu'Adolphe et ses collègues ?

Il entra donc dans la buvette de la gare, pouvant encore disposer de dix minutes. Il y trouva le chef de train et Gugler, et apprit que, par suite du retard d'une correspondance, leur convoi ne partirait que dans une heure.

C'était là une douce musique pour les oreilles d'Adolphe. Il s'agissait de bien employer ce temps. Bientôt on fut plongé dans un entretien des plus animés, et les chopes de bière se suivirent jusqu'à ce qu'on vînt annoncer le moment du départ.

XXIX

Deux jours après, Léon Körne avait pris possession de sa nouvelle demeure. Ainsi Elise avait maintenant un locataire, comme le remarqua un camarade d'Adolphe.

Souviens-toi du jour du repos pour le sanctifier, dit l'Ecriture sainte. Léon avait cru autrefois ne pas violer ce commandement en se livrant à l'étude le dimanche : ce n'était pas une œuvre égoïste, car il travaillait en vue du bien-être de ses semblables. Cependant il devait bientôt se convaincre de son erreur.

Chaque dimanche, il employait six heures au travail intellectuel, le reste au culte et à la promenade, et en voyant ceux qui profitaient du jour de repos pour se délasser dans la campagne, il pensait avec plaisir qu'il avait cependant fait quelque chose ce jour-là. Mais la semaine lui paraissait ensuite bien longue, et lorsque revenait le dimanche, il constatait qu'il n'avait pas gagné grand'chose à ne pas prendre un repos suffisant. Sans persister dans une opinion qu'il avait reconnue pour fausse, il essaya de consacrer tout son dimanche au repos, et goûta alors une telle satisfaction qu'il put juger que sa vie était enfin bien réglée.

Chaque samedi soir, il se trouvait animé des meilleures dispositions, sentant que, le lendemain, il s'appartiendrait à lui-même, qu'il pourrait fortifier ses bonnes résolutions, relever son courage et réparer ses forces corporelles. Aussi la nuit qui précédait le dimanche était celle où il jouissait du sommeil le plus bienfaisant.

A peine réveillé, si l'on était dans la belle saison, il se hâtait de sortir pour se trouver en rase campagne. La paix semblait régner sur les champs et sur les prairies. Le soleil paraissait plus brillant qu'à l'ordinaire. Tous les passants portaient leurs habits de fête, et le son des cloches contribuait à inspirer le recueillement. Puis venait l'heure du culte public, que Léon n'aurait pas négligé, car sans cela il n'aurait pu se sentir content et paisible le reste du jour. Il ne se laissait point entraîner par l'exemple de ses collègues qui ne tenaient pas l'église en haute estime. Aucun de ses camarades de bureau ne s'y rendait jamais, ils allaient de préférence au café voisin.

Léon aimait à passer une partie du dimanche dans la compagnie de gens cultivés et moraux ; il recherchait surtout les hommes mariés et leurs familles. Il était bien accueilli partout et plus d'une jeune fille, dans les maisons où il était reçu, le regardait avec quelque complaisance, bien que Léon, dans sa modeste simplicité, ne s'en aperçût nullement.

Les jeunes filles aiment la causerie, cette activité des lèvres qui n'atteint que la surface des personnes et des choses et ne conduit nullement à la réflexion. Cependant tout homme qui sait causer ne leur est pas, par cela même, sympathique : elles attendent d'un homme quelque chose de plus.

Léon, qui ne comprenait pas bien encore le cœur des femmes, croyait ne voir nulle part l'idéal féminin qu'il avait pu rêver. Si la contemplation habituelle de la médiocrité parmi les hommes lui inspirait quelque dégoût, les femmes aussi lui semblaient, presque sans exception, vouées à ce qu'il y a de plus superficiel.

XXX

Il y avait quinze jours que Léon Körne demeurait chez les Liebmann. Mme Kremer venait de repartir, et Elise se sentait abattue comme si elle eût perdu par là tout bonheur et toute joie.

Elle avait cependant retenu ses larmes en accompagnant sa mère à la gare, et après lui avoir souhaité un heureux voyage, elle ajouta en plaisantant:

— Le père va bien te gronder pour ta longue absence ; mais, dis-lui que je ne t'ai pas laissée partir.

Mme Kremer ne put se joindre à la gaîté apparente d'Elise ; à peine un sourire effleura-t-il ce visage, qui témoignait des soucis d'une longue vie conjugale dans une position parfois gênée, et qui pour le moment, ne pouvait se débarrasser de la tristesse que lui causait son départ. Toutefois, elle s'efforça de répondre avec quelque sérénité :

— Ma chère enfant, porte-toi bien et tâche d'être gaie. Je t'écrirai bientôt, et tu me donneras aussi plus souvent de tes nouvelles. Tu n'as pas toujours des rayons de soleil dans ton ménage, mais nous ne devons pas murmurer, car nous sommes dans les mains du Très-Haut. Confie-toi en lui et prie-le : la prière est ce que l'homme a de plus précieux, elle nous met en communication avec le ciel.

Le contrôleur vint fermer les portes, et la cloche du départ se fit entendre, suivie immédiatement du sifflet du conducteur et du cri aigu de la locomotive.

On put voir alors sur la figure d'Elise les marques d'une douleur profonde. Jusqu'à cet instant elle avait employé toutes ses forces à se contenir, mais le chagrin débordait dans le cœur sensible de cette jeune femme ; les larmes commençaient à couler sur ses joues, mais elle les essuya au plus vite, afin que les indifférents ne s'en aperçussent pas.

Le train s'était mis en mouvement, et Mme Kremer faisait signe par la fenêtre avec son mouchoir. Elise la regarda tant qu'elle put la distinguer, puis elle rentra dans sa demeure pour y reprendre sa tâche d'épouse et de ménagère.

L'enfant, qu'il avait fallu porter si tôt dans le froid cimetière, l'aurait alors rendue bien heureuse. Comme elle aurait voulu avoir à le soigner ! Mais Dieu en avait décidé autrement ; il avait épargné à cette frêle créature toutes les douleurs d'ici-bas.

<h1 style="text-align:center">XXXI</h1>

Il avait gelé fortement pendant la nuit, et ce n'était pas la première fois de l'hiver ; à plus d'une reprise déjà, l'ardente jeunesse avait essayé en jetant de grosses pierres si la glace était assez solide sur l'étang voisin de la ville.

Léon avait vu avec tristesse les arbres perdre leur dernier feuillage, et la nature s'ensevelir dans le sommeil. L'approche de l'hiver ne lui était pas agréable, et cependant l'espoir de patiner faisait battre son cœur. Aussi, dès que le froid commença à être un peu vif, il dirigea toutes ses promenades vers les endroits où il s'était livré à cet exercice les années précédentes.

Aujourd'hui il était enfin permis de courir sur l'étang. Une troupe nombreuse s'y exerçait déjà, lorsque Léon arriva et se mit de la partie, saluant ici et là quelques personnes de sa connaissance.

Le monde féminin n'était pas abondamment représenté; cependant trois jeunes personnes, se tenant par la main, ne tardèrent pas à passer devant
Léon, qui les salua, car il en connaissait deux :
c'étaient les filles d'un avocat et d'un employé supérieur des chemins de fer. Mais la vue de la troisième surtout fit apparaître sur les joues de Léon
une rougeur marquée; il osa à peine, en passant
devant les trois jeunes filles, regarder en face
celle qui lui était inconnue; il n'avait jamais encore
considéré des traits aussi délicats. Il ne pouvait
comprendre comment il n'avait jamais rencontré
dans la ville cette charmante figure, qui aurait dû
attirer tout de suite son regard.. Voulant en avoir
le cœur net, il demanda à un de ses collègues qui
venait d'arriver, le nom de cette jeune fille, qu'il
ne croyait pas avoir vue précédemment.

— Je crois, répondit l'autre, qu'elle revient de
la Suisse, où elle a été en pension plusieurs
années. C'est la fille aînée du directeur des postes,
Brause. Je crois que, jusqu'à ces derniers temps,
ils ont habité la maison où vous êtes, au premier
étage : c'est bien au numéro 23, rue de la Montagne, n'est-ce pas ?

— C'est cela, répondit Léon, suivant des yeux
avec enthousiasme les mouvements gracieux de
la jeune fille. Il se plongea dans de profondes
méditations, tout en se livrant à son exercice
favori. Cette apparition était toujours devant ses

yeux, même lorsque, en parcourant du regard toute l'étendue de l'étang gelé, il constata qu'elle avait disparu avec ses amies.

XXXII

Le cœur de Léon avait jusqu'alors été étranger à tout sentiment d'amour; maintenant il n'en était plus ainsi. Chaque jour il se rendait à l'étang, et, quoique la surface gelée continuât à être très propice, il était mécontent, parce qu'il n'y rencontrait pas celle qu'il cherchait.

Il apprit que Mlle Brause n'avait passé que quelques jours chez ses parents et était allée pour l'hiver, auprès d'une tante, dans la capitale.

Pourquoi cette nouvelle lui fut-elle si désagréable? Pourquoi son imagination lui dépeignait-elle toujours de brillantes soirées, où Mlle Brause dansait avec un jeune savant ou avec un jeune officier?

Léon se traita de fou, mais la noble figure qu'il avait aperçue sur la glace ne pouvait disparaître de son souvenir.

XXXIII

Les semaines s'écoulaient, et Léon était très attaché à son domicile actuel, où il recevait de la part de Mme Liebmann les soins les plus attentifs.

Il n'y avait point eu de changement dans les occupations d'Adolphe ; il n'avait toujours qu'un seul jour de repos sur neuf, de sorte que, dans les circonstances les plus favorables, il ne jouissait d'un dimanche libre qu'au bout de neuf semaines ; souvent son service le retenait hors de chez lui pendant des nuits entières. Il fallait évidemment maintenant le classer dans cette large couche de l'humanité qui renferme tous les hommes médiocres, et de laquelle un si grand nombre ne parviennent pas à sortir. Sans être des plus ponctuels pour son service, il n'était pourtant pas trop souvent en retard ; il ne remplissait pas son devoir avec le zèle d'un homme qui y cherche toute sa satisfaction, mais il n'y mettait pas non plus une négligence qui pût lui attirer des punitions; on ne pouvait pas le donner comme modèle de sobriété, mais il ne méritait pas non plus d'être regardé comme un buveur. Comme époux enfin, il s'éloignait fort de l'idéal, sans être toutefois un tyran domestique.

Au fond, Adolphe avait un bon cœur, mais il

était léger et avait besoin d'une impulsion puissante pour rester dans la bonne voie ; cette impulsion, il l'avait reçue dans la maison paternelle, et, après l'avoir quittée, il eut d'abord recours à l'appui que ses parents lui avaient toujours indiqué : la prière personnelle et la fréquentation du culte public, aussi tant que ces habitudes durèrent, il eut une vie rangée.

Les finances d'Adolphe étaient dans un état déplorable. Privé de convictions religieuses, il ne sut pas s'affranchir du fardeau que les privations imposaient à son esprit, ni regarder En Haut avec une confiance enfantine, mais il se laissa entraîner de plus en plus à chercher dans la boisson l'oubli de toutes ses inquiétudes.

Les cadeaux de leurs parents ramenèrent enfin l'équilibre dans leur ménage ; mais une nouvelle passion, celle du jeu, s'était développée chez Adolphe, et ses heures de liberté lui semblèrent de plus en plus ennuyeuses lorsqu'il les passait à la maison.

Elise avait fini par s'habituer à cette existence : elle savait ce que la vie pouvait lui offrir, et accueillait avec reconnaissance les plus petites joies qu'elle pouvait encore goûter. Le dimanche était pour elle un jour béni, où elle se restaurait par la prière et le recueillement ; elle avait accepté sa solitude.

Lorsque, à de longs intervalles, son mari avait un dimanche libre, ils allaient ordinairement se promener en rase campagne. Mais le temps de leurs anciennes promenades était passé, bien que le ciel et la terre offrissent toujours aux regards les mêmes splendeurs.

Le peu d'argent qu'Adolphe donnait à Elise n'aurait pas suffi à entretenir le ménage, et les travaux d'aiguille, vu la grande concurrence, n'étaient qu'une bien faible source de gain; heureusement que le loyer payé par Körne venait s'y ajouter. Elise mesurait exactement ses dépenses et ses recettes, cependant elle donnait ce qui était nécessaire en fait d'aliments à son mari souvent épuisé par un travail fatigant. Elle parvenait donc, non sans peine, à maintenir en bon ordre ses affaires domestiques.

Jamais elle ne prenait rien à crédit; elle se gardait d'adopter l'usage d'un si grand nombre d'employés qui ont un compte ouvert pour le pain, la viande et d'autres denrées.

Il arrivait parfois que, quelques jours avant le premier du mois, l'argent manquait à Elise pour se procurer de la viande; il fallait économiser sur le pain et recourir aux pommes de terre. Elle était soutenue dans ces moments difficiles par la prière et par le sentiment consolant de n'avoir aucune dette.

Körne n'avait pas remarqué toutes ces circonstances, bien qu'il se doutât qu'Adolphe dépensait pour lui-même plus qu'il ne donnait à sa femme.

Elise servait à Léon son café du matin avec la plus grande exactitude ; le déjeûner était toujours également soigné, que l'on fût au commencement ou à la fin du mois.

XXXIV

Deux ans s'étaient écoulés, lorsque Körne vit entrer un matin Adolphe chez lui, au moment où il allait partir pour son bureau. Après quelques paroles indifférentes, le visiteur en vint au fait. Le jour de naissance de sa femme approchait, et il voulait lui donner un bracelet d'or qu'il avait occasion d'acheter à bon compte. Il venait voir si Léon ne lui ferait pas une avance jusqu'au 1er du mois, puisqu'on était déjà au 28.

L'achat d'un bracelet d'or parut singulier à Léon dans la position où était Liebmann. Cependant il répondit après un court moment de réflexion.

De quelle somme avez-vous besoin ?

— Il me faudrait cinq thalers, reprit Adolphe avec hésitation.

Léon venait de consulter sa montre ; il tenait à être ponctuel dans son service, et d'ailleurs il y avait chaque matin, à huit heures cinq minutes, une inspection des bureaux. — Il faut que je parte, dit-il, mais voici la clef de mon coffre. Vous trouverez au fond, à l'angle de gauche, en arrière, un petit sac rempli de thalers. Prenez ce qu'il vous faut et veuillez remettre la clef à ce clou.

Il salua et se hâta de partir. Adolphe fut surpris de cette confiance, sentant qu'il la méritait bien peu.

Il ouvrit le coffre, trouva le sac et compta cinq thalers. Mais il y avait comme un courant électrique entre son cœur et le reste de l'argent; sa main semblait se refermer pour saisir la somme entière, qui se montait à plus de cinquante thalers : son imagination lui représentait tout ce qu'il pourrait se procurer avec cet argent. Il payerait non seulement une dette pressante de quatre thalers, qui l'avait porté à inventer le conte du bracelet, mais encore quelques autres sommes pour lesquelles il craignait d'être bientôt inquiété.

Enfin, ce qui semblait le plus séduisant à Adolphe, c'était l'image de son prochain jour de congé. Il pourrait alors être assis commodément à l'auberge avec quelques intimes, savourer à discrétion sa chère liqueur brune et avoir en main des cartes à jouer.

Le bruit d'une porte l'arracha à ses pensées. Il revint à lui et comprit ce qu'il avait été sur le point de faire. Refermant le coffre au plus vite, il quitta la chambre, mais sans retrouver la paix.

Il avait encore quelques heures avant de se remettre au travail, et il partit pour payer cette dette déjà ancienne, et qu'il croyait être de quatre thalers.

Mais elle se montait à plus de cinq thalers, de sorte qu'il ne lui resta rien ; il dut donner le dernier thaler, qu'il comptait garder pour son argent de poche, et promettre de s'acquitter consciencieusement du surplus le 1ᵉʳ du mois.

Il rentrait donc chez lui de fort mauvaise humeur, lorsqu'il rencontra un de ses camarades.

— Où vas-tu si vite, Liebmann ? cria celui-ci. Je crois que tu rentres tout droit à la maison pour te chauffer au poêle avec les femmes ! Il n'en sera rien. — Et il prit Liebmann par le bras. — Il y a déjà une jolie société à l'*Aigle Noir*, ils ont entamé un tonneau de bière, et sont déjà absorbés par le *soixante-six*.

Tout cela n'était que trop attrayant pour Adolphe, qui étouffa la voix de sa conscience.

— Un moment, répondit-il en toute hâte. Je veux seulement aller prendre mon étui de cigares, et dans une minute je serai là.

Il monta les trois étages et, lorsqu'il revint, ce n'étaient plus cinq thalers, mais bien douze, qui manquaient au trésor de Léon Körne.

Une demi-heure après, le malheureux était assis avec ses compagnons autour du jeu de cartes, et paraissait avoir l'humeur la plus gaie.

XXXV

Pendant huit jours, Körne ne rencontra Adolphe qu'en passant, puis il se rappela que le premier du mois était déjà passé, jour auquel il devait rentrer en possession de son prêt. Etant justement occupé à tirer des papiers de son coffre, il prit machinalement le sac des thalers et se mit à compter. Il lui en manquait douze. Après avoir cherché en vain si quelque pièce ne s'était pas égarée dans le coffre, il resta immobile pendant quelques minutes, plongé dans ses réflexions.

Il venait de faire encore une dure expérience. Il ne doutait pas que Liebmann ne reconnût cette dette dans son intégrité, mais il était péniblement surpris de voir qu'au premier du mois celui-ci n'avait pas restitué la moindre partie de ce qu'il devait, et n'avait pas même fait entendre un mot d'excuse sur ce retard.

Les affaires de Léon étaient en si bon ordre, qu'il ne se représentait pas Adolphe comme aussi endetté qu'il l'était réellement. Lui-même était loin de dépenser tout ce qu'il gagnait ; un tiers de son traitement restait toujours intact, encore envoyait-il là-dessus quelque chose à ses parents. En fait de plaisirs, ses dépenses se bornaient à aller quelquefois au théâtre ou à un concert. Il ne comprenait pas qu'on pût passer toutes ses soirées autour des chopes de bière, en prolongeant jusque bien avant dans la nuit des entretiens dépourvus de tout sérieux, et quelquefois même inconvenants. Il calculait que plus d'un de ses collègues pouvait chaque mois absorber en liquide la valeur de douze à quinze thalers, et il se trouvait fort bien, quant à lui, de réaliser cette économie.

XXXVI

Dans le courant du mois, Léon Körne rencontra souvent Adolphe, mais celui-ci ne dit pas un mot de sa dette. Léon attendait toujours qu'il fît le premier pas.

Le jour de Noël approchait ; Léon avait l'habitude d'aller passer cette fête dans sa famille. Longtemps d'avance, il avait acheté quelques présents pour les siens. Sa sœur la plus jeune, qui n'avait que sept ans, vint à sa rencontre à la gare, et dès lors elle ne se sépara pas de lui, car les vacances avaient commencé.

Depuis plusieurs semaines, la petite Mathilde chantait chaque soir avec sa sœur aînée les beaux cantiques de Noël qu'elles avaient appris de leur mère.

— Comment se peut-il, demandait la petite, après un moment de réflexion, que l'enfant Jésus puisse venir le même soir faire des cadeaux à tout le monde ?

La maman répondit à propos, en faisant allusion à la famille voisine :

— Vois-tu, il vient déjà le matin chez les Kotte, parce que chez nous il a beaucoup à faire le soir.

Les enfants sont facilement satisfaits ; pour la petite Mathilde, sa propre famille et celle des Kotte faisaient presque le monde entier.

Le lendemain de l'arrivée de Léon était la veille de Noël, et les heures semblaient bien longues à Mathilde, fort occupée cependant par les préparatifs de la grande fête.

Le crépuscule était enfin venu. Mathilde n'avait pu s'empêcher de regarder par le trou de la serrure, quand même sa mère l'avait avertie que l'enfant Jésus jette du sable dans les yeux des enfants trop curieux. Elle fut éblouie par l'éclat des lumières et transportée d'admiration.

Le père et la mère étaient très affairés ; cette dernière allait et venait sans cesse, non sans être interpellée par Mathilde, qui voulait savoir si l'enfant Jésus l'entendrait chanter et si tout était bientôt prêt.

L'impatience croissait de minute en minute. Enfin la sonnette retentit. Léon tenait fermement Mathilde par sa robe, afin, disait-il, de l'exercer à se contenir. Mais il n'y avait plus moyen, une course précipitée commença, et des exclamations retentirent sur toutes les lèvres.

Un bel arbre de Noël se montrait tout illuminé, rayonnant de l'éclat des boules d'or et d'argent, surchargé de pommes, de poires, de noix et de chaînes de couleur. Après le premier moment d'extase, Mathilde regarda à sa place, indiquée par une petite étiquette. C'était elle-même qui avait écrit tous les noms sur des cartes, et elle pensait avec orgueil que les yeux de l'enfant Jésus contempleraient son écriture.

Que de choses ravissantes il y avait là pour elle! un jeu de l'oie, des bas neufs, qui l'enchantaient un peu moins; de jolies jarretières avec des boucles brillantes; puis tout un petit attirail de cuisine et de ménage, une demi-douzaine de tasses à café et de soucoupes, avec la cafetière, le pot à lait et le sucrier; dans un papier de soie étaient enveloppés des couteaux et des cuillères assorties; enfin de petits ustensiles que l'on pouvait réellement mettre sur le feu. A côté, un carton de diverses couleurs... serait-ce encore un jeu comme celui de l'oie? Elle l'ouvrit et y trouva des mouchoirs de poche, ce qui causa une exclamation de désappointement. Elle était bien sûre d'avoir toujours des mouchoirs, et cette boîte semblait promettre autre chose.

Il y avait encore d'autres jolis objets à son adresse: des chaises rembourrées pour sa poupée, dont l'appartement était remis à neuf à chaque Noël, une table ronde, un sopha, et d'autres meubles de salon. Mais ce qui la fit surtout crier de joie, ce fut une grande poupée, assise sur une chaise, et qui pouvait arriver jusque sous les bras de Mathilde. Quelle abondance de boucles blondes, et en vrais cheveux! Quelles joues rouges, comme si elle était en vie! Et puis, elle ouvrait et fermait les yeux. La main expérimentée de Mathilde lui tâta bientôt tout le corps et découvrit quelque part une partie dure et carrée; c'était là le plus beau mystère : la poupée pouvait pleurer, et même dire «*papa*» très distinctement. Cette merveille ne quitta pas de toute la soirée les bras de la jeune fille, qui l'emporta même dans son lit.

Ces doux moments ne passèrent que trop vite. Le lendemain, on prolongea la soirée en l'honneur de Léon qui était sur son départ. On causa du passé, et on écouta le jeune homme raconter comment il vivait à la ville. Le père fit des vœux pour l'heureux voyage de son fils, et Léon remercia d'une voix mal assurée, car il était attendri en apercevant que sa mère essuyait une larme à la dérobée.

XXXVII

Léon fêta le dernier jour de l'année chez une famille amie. Les douze coups retentirent sourdement dans le silence de la nuit, et donnèrent à tous une impression sérieuse : une nouvelle année venait de commencer.

Le second jour de janvier, Léon, en rentrant chez lui, trouva Adolphe au haut de l'escalier, se disposant à descendre. Après avoir salué Körne, il lui dit à voix basse :

— Ne le prenez pas mal si je vous fais une demande ; mais je me trouve dans le plus grand embarras. Vous savez que ma femme a été bien longtemps malade, il y a deux ans, et vous pouvez bien penser ce qui en est résulté avec un salaire tel que le mien. J'ai encore de l'arriéré qui remonte à cette époque, et le plus exigeant de mes créanciers m'a déclaré, il y a une heure, qu'il s'adresserait à l'inspecteur de la ligne si je ne le payais pas aujourd'hui. Mais cela m'est impossible, cette somme est trop forte pour ce que je gagne. Auriez-vous donc la bonté de m'avancer dix à douze thalers pour environ dix-huit jours ? A cette époque, je recevrai mon extra de novembre, de sorte que vous serez remboursé avant la fin du mois.

Lorsque Adolphe avait ouvert la bouche, Léon avait pensé qu'il allait s'excuser relativement à l'ancienne dette, et qu'il lui rendrait une partie de ce qu'il devait, en sollicitant un délai pour le reste. Il fut donc péniblement surpris de ce que son voisin ne faisait pas même mention des douze thalers. Il se tut un moment, réfléchissant à la conduite qu'il tiendrait vis-à-vis d'Adolphe ; devait-il le laisser dans la détresse et devenir la cause de son renvoi, ou bien fallait-il user encore d'indulgence ?

Sa bonté naturelle lui dicta enfin une réponse :

— Vous me devez déjà douze thalers, dit-il avec la plus grande douceur possible.

— Je le sais bien, reprit Adolphe après une pause, et je vous rendrai tout jusqu'au dernier centime. Vous l'aurez avant la fin du mois ; mais, je vous prie, ne parlez pas de tout cela à ma femme ; il n'est pas nécessaire de l'inquiéter.

Léon hésita un moment, puis il tira son porte-monnaie et compta dix thalers à Liebmann. Il voulait lui témoigner encore de la confiance, malgré l'abus qu'Adolphe en avait déjà fait.

— Voici encore dix thalers, dit-il, mais il faut qu'au commencement de février je rentre en possession de tout ce que je vous ai prêté. Quant à votre femme, je ne lui en parlerai certainement pas, c'est une chose entre nous.

Adolphe prit l'argent et remercia Léon.

Le froid avait tardé à se déclarer, et il n'y avait que trois jours que Léon avait pu patiner pour la première fois. Mais, dès le milieu de janvier, il gela fortement, et notre jeune homme s'en réjouit. Un jour, en arpentant la surface glacée, il rougit subitement, et ses yeux, fixés dans une certaine direction, prirent cet éclat particulier qui, chez les jeunes gens honnêtes, indique une émotion profonde.

N'était-ce pas elle qui, donnant la main à un jeune homme, se mouvait sur la glace comme une sylphide ? Il n'avait pu apercevoir encore complétement sa figure, mais la grâce des mouvements et l'élégance de la taille ne lui permettaient pas de se tromper. Bientôt il sentit comme un coup de poignard dans son cœur ; celui à qui elle donnait la main semblait être avec elle sur le pied de la plus grande intimité ; ce ne pouvait être qu'un fiancé ou un frère.

N'était-ce pas son frère ? Le cœur de Léon était tourmenté par cette indécision ; mais bientôt le couple se tourna vers lui. C'était elle, il ne s'était point mépris. Puis, regardant l'homme heureux qui se tenait à ses côtés, il se sentit déchargé d'un grand poids : c'était, en effet, le fils Brause, dont Léon avait fait la connaissance plusieurs années auparavant.

A cette époque, il était employé surnuméraire ; ses traits étaient restés les mêmes, mais il avait beaucoup grandi et dépassait la taille moyenne. Il venait de s'arrêter, causait et riait avec sa sœur, en laissant errer son regard sur la foule qui parcourait l'étang. Son œil ayant rencontré Léon, un cri de joie s'échappa de sa bouche.

— Monsieur Körne, s'écria-t-il, est-ce bien vous ? Comment cela va-t-il ? Me reconnaissez-vous encore ? Sinon, je me permets de me présenter à vous, Edmond Brause, autrefois surnuméraire au bureau de la gare, maintenant sous-chef à la station de L.

— J'en suis bien aise ; mais c'est moi qui ai le mérite de vous avoir reconnu le premier, quand même votre taille de géant aurait pu m'induire en erreur.

— Géant en miniature, voulez-vous dire. Mais permettez-moi de vous présenter ma sœur Amanda, qui est presque aussi étrangère dans la ville que moi, car ce n'est qu'à Noël qu'elle est revenue d'un long séjour chez notre tante ; auparavant elle était en Suisse.

Léon, en s'approchant de Brause et de sa gracieuse sœur, sentit son sang circuler avec force ; il rougit, et, plus il en avait le sentiment, plus ses joues et son front s'empourpraient.

Au premier moment, il n'osa pas considérer la jeune fille. Lorsque, enfin, il jeta sur elle, à la dérobée, un regard timide, leurs yeux se rencontrèrent ; il crut voir le ciel ouvert devant lui, et cependant cette impression ne dura pas même une seconde, car aussitôt après les paupières d'Amanda s'abaissaient par un sentiment louable de modestie. Quand elle lui fut présentée, elle garda les yeux baissés tout en s'inclinant. Léon, de son côté, reprit peu à peu contenance ; cependant, sa voix semblait mal assurée, et son regard incertain était presque uniquement dirigé vers Edmond pendant qu'ils conversaient ensemble.

Tout en n'écoutant qu'à moitié, Léon apprit que Brause devait retourner le soir même à la station où il résidait : du moins il se rappela ce détail une fois rentré chez lui.

— Voici notre père qui vient nous chercher, s'écria tout à coup Edmond. Adieu, charmant plaisir de la glace unie et brillante! Il me faut reprendre le chemin de L. J'ai été bien aise de vous retrouver après un si long intervalle. — Léon, après avoir répondu quelques paroles polies, salua le jeune homme et sa sœur, et l'on se quitta.

Ainsi il l'avait vue aujourd'hui, vue de près ; il avait même causé avec elle. Tout était chez lui en bouillonnement ; il se sentait entraîné dans un élan poétique, mais l'expression qu'il voulait lui donner lui paraissait trop triviale. Il était dans cette phase, à la fois délicieuse et mélancolique où les yeux pleurent, où le cœur est ému, où l'imagination fait des rêves.

Enfin il put se dominer et reprendre son travail,

mais quelque chose restait toujours caché dans les profondeurs de son âme.

XXXVIII

Il gela encore pendant huit jours ; Léon allait régulièrement patiner et parcourait anxieusement des yeux la surface de l'étang, mais en vain. Trois mois s'écoulèrent sans qu'il revît Amanda Brause.

De son côté, Liebmann avait laissé passer deux mois, puis le dernier terme qu'il avait assigné pour le payement de sa dette. Il n'y faisait jamais aucune allusion et semblait éviter de voir Léon Körne.

Celui-ci crut enfin devoir parler. Il se dit qu'il y aurait de la faiblesse à pousser plus loin l'indulgence, qu'il encourageait ainsi Liebmann dans sa légèreté. Toutefois il voulut laisser passer encore le premier du mois. Ce jour vint, ce jour où les tavernes fréquentées par les employés du chemin de fer font de si bonnes affaires, ce jour qui est en même temps pour les femmes celui de la joie et celui de l'effroi. Pour Adolphe, c'était son jour de repos, de sorte qu'il aurait eu facilement la possibilité de parler à Léon. Mais on ne l'aperçut point ; il était allé de bonne heure à la gare toucher son traitement, et il ne rentra pas ; on ne sut pas où il avait dîné.

Quant à Elise, elle travaillait toujours autant qu'elle pouvait. Elle disposait au moins par là de ce qu'elle gagnait, ainsi que du loyer payé par Léon. Il avait fallu réduire ses besoins au strict nécessaire ; en fait de vêtements, elle n'avait rien eu à acheter depuis longtemps ; sa mère y avait pourvu, et Elise y pensait souvent avec reconnaissance. Ce n'était que le dimanche que la jeune femme laissait reposer tous ses travaux d'aiguille ; son âme se redressait alors, comme les fleurs qui, après avoir penché la tête sous l'ardeur du soleil, se trouvent rafraîchies par une rosée bienfaisante. A l'église, elle se sentait une créature humaine, elle pouvait s'y recueillir et prier : pour elle la prière n'était pas un simple mouvement des lèvres ; elle, priait du cœur et trouvait dans cette sainte habitude une source inépuisable de force et de consolation.

Dans ces dernières semaines, elle avait cru remarquer qu'Adolphe se dérangeait de plus en plus. Toujours il était en retard pour rentrer à la maison, et bien souvent il y venait en état d'ivresse. — Avait-il trouvé quelque nouvelle source de gain? Etait-il régalé par ses collègues, ou buvait-il simplement à crédit ?

Le premier du mois, Adolphe avait remis à Elise une somme si faible que, même avec la plus grande économie, elle n'aurait pu suffire pendant trente jours. La jeune femme ayant hasardé une remarque timide, Adolphe lui répondit brièvement :

— Attends seulement et tu auras quelque chose de plus ; tu sais bien que le 18 du mois il y a un extra.

Le 18 était passé, mais Adolphe ne pensa pas que sa femme eût besoin d'argent. Il était dur à Elise de lui en demander : elle pouvait craindre une réponse rude qui aurait vivement ébranlé ses nerfs. Elle avait déjà reçu son payement des magasins pour lesquels elle travaillait, payement fort minime, car il ne manquait pas de personnes pour ce genre d'ouvrage ; pour la première fois, elle demanda en tremblant qu'on lui fît une petite avance sur la douzaine de mouchoirs brodés qu'elle devait rendre prochainement. Il lui fut répondu avec rudesse que l'on n'aimait pas cette manière de mendier, et qu'il ne manquait pas d'ouvrières qui ne solliciteraient pas des avances.

Elise était rentrée à la maison sans bien savoir comment. Elle croyait éprouver une vive crampe au cœur ; jamais encore elle n'avait subi pareille humiliation. Après cette tentative infructueuse, il ne lui restait d'autre ressource que de s'adresser à son mari.

Adolphe ne pouvait souffrir qu'Elise lui demandât de l'argent. Ce qui lui restait entre les mains suffisait à peine à sa propre dépense, et il fallait encore faire un prélèvement là-dessus ! Ce fut donc de fort mauvaise humeur qu'il donna un thaler à Elise.

La pauvre femme fut ainsi mise à l'abri de la détresse, mais elle souffrait cruellement d'être traitée en mendiante parce qu'elle réclamait ce qui lui était dû. Adolphe pouvait-il à ce point méconnaître le lien conjugal ?

L'état des choses ne pouvait demeurer caché à Léon Körne. Une après-midi, qu'il vint payer son loyer, il trouva à Elise un air de souffrance et de chagrin qui lui inspirèrent la plus grande pitié, et il se demanda, après l'avoir quittée, ce qui pouvait causer le malheur de ce ménage. Il connaissait l'ardeur d'Elise pour le travail, son oubli d'elle-même, son attachement à son mari ; il voyait que c'était une femme réellement pieuse, et ne pouvait se lasser de l'admirer. Pour Léon, comme pour tout autre étranger, elle avait toujours une expression bienveillante et semblait ignorer ce qu'est la mauvaise humeur.

Dès qu'il se fut douté de la triste situation du ménage, Léon se montra pressé d'apporter chaque mois à Mme Liebmann ce qu'il lui devait. Ce jour donc, où elle n'avait reçu qu'un thaler, il vint déjà à huit heures du matin ; l'argent sembla, en effet, fort bienvenu à Elise, qui respira profondément.

La veille, elle avait dû se mettre au lit sans souper ; le dernier achat de pain n'ayant pu suffire que jusqu'au matin du dernier jour du mois, elle avait diné de pommes de terre, et, pour le reste de la journée, n'avait eu qu'une tasse de café.

Aujourd'hui, Elise attendait Adolphe vers midi, mais ce n'était pas avec une joyeuse certitude, car bien souvent déjà, dans ce premier jour du mois, il était rentré fort tard à la maison.

Elle prépara le dîner, en se donnant beaucoup de peine pour faire un repas excellent, afin de témoigner ainsi sa reconnaissance à son mari, s'il était ponctuel ; puis elle reprit son aiguille ; les douze coups avaient sonné, et elle regardait de temps à autre dans la rue si elle n'apercevrait pas Adolphe. Mais elle ne vit que des hommes marchant à pas pressés, la plupart avec des parapluies. Depuis plusieurs heures il pleuvait sans discontinuer : c'était une de ces averses si fréquentes au printemps dans la contrée.

A une heure, Adolphe n'était pas rentré. Encore une déception ! Elise servit son dîner, le mangea et remit au chaud la part d'Adolphe.

Les recoins de la chambre commençaient à être dans l'ombre. Le crépuscule arrivait; c'était pour Elise le meilleur moment de la journée : avant d'allumer sa lampe, dont elle voulait économiser l'huile, elle se reposait un quart d'heure dans l'embrasure de la fenêtre, devant sa machine à coudre. Ses pensées s'envolaient alors loin de la ville où elle habitait, loin des circonstances de sa vie actuelle,

jusqu'à une maison distante de bien des lieues, jusqu'au simple bâtiment de gare d'une petite ville
reculée : c'est là qu'elle avait vécu, depuis l'âge
de trois ans et demi, alors que son père avait été
placé dans cette station.

XXXIX

La station se trouvait sur un embranchement
peu fréquenté ; la contrée n'avait pas beaucoup
d'industrie, le mouvement des marchandises était
faible, et il n'y avait pas de train qui leur fût
spécialement affecté. On ne comptait par jour que
trois trains mixtes dans chaque direction, de
sorte que le père d'Elise jouissait d'une grande
tranquillité.

Plein de zèle pour son service, il avait été
d'abord sous-chef dans une des gares les plus
importantes de la ligne, et il avait rempli ses
fonctions de manière à contenter pleinement ses
supérieurs. Mais la faiblesse de sa santé l'avait
impérieusement forcé à chercher un poste plus
calme, sans quoi la maladie de poitrine qui le
menaçait aurait promptement empiré.

Ce fut d'abord très pénible pour lui d'être condamné à une activité restreinte, mais il en reconnut bientôt l'influence bienfaisante. Il avait la

jouissance d'un jardin et d'une certaine étendue de champs et de prairies ; tout ce terrain lui avait été remis dans un déplorable état. Ayant hérité de son père un goût prononcé pour la nature, il aimait beaucoup à travailler la terre. A son arrivée, une épaisse couche de neige couvrait le sol ; il dut donc se tenir à la maison, mais, dès que la neige eut disparu, Kremer partit pour aller examiner les champs et tout considérer en détail ; l'agriculture allait être sa principale occupation, et peut-être pour de longues années.

Le médecin lui avait défendu, il est vrai, les travaux corporels trop fatigants ; quant aux soins du jardin, il fut autorisé à les entreprendre, mais avec mesure et en se reposant fréquemment.

Ce qu'il n'avait pas espéré lui fut accordé par la bonté divine : son état s'améliora de mois en mois et d'année en année. Le sang colora ses joues, les symptômes de phthisie disparurent, et, quelques années après avoir quitté la station principale où passaient une centaine de trains chaque jour, il put être compté au nombre de ces heureux qui connaissent si peu leur bonheur : au nombre des bien portants.

L'été précédent, lorsqu'il s'était senti exténué par un travail au-dessus de ses forces, il avait nourri souvent des pensées bien tristes. A la gare même, il n'avait pas le temps de réfléchir ; il fallait avoir les yeux ouverts et diriger toute son attention sur le mouvement des trains et la circulation des passagers, afin d'écarter toute chance d'accident; mais rentré chez lui, il se sentait envahi par de sombres appréhensions. La maladie viendrait s'interposer entre lui et sa femme, entre lui et son enfant: tout bonheur disparaîtrait, les choses iraient en empirant. Le vague pressentiment d'une catastrophe venait ainsi assombrir toutes ses joies.

Maintenant son sort était bien changé; le médecin qui vint le voir en automne admira la transformation opérée dans son état physique. Il n'offrait plus de symptômes dangereux et arriverait sans doute à se rétablir tout à fait. Ce fut en effet le cas, grâce aux nouveaux éléments introduits dans la vie de Kremer. L'air pur de la forêt, la vie régulière, le repos fréquent et les travaux manuels auxquels il se livrait dans la campagne, d'abord avec précaution, puis avec une ardeur de plus en plus grande, la cessation des soucis et des désagréments qui sont inséparables du service d'une grande gare: tout cela fut pour lui une source inespérée de bénédictions, et eut en même temps la plus heureuse influence sur sa vie morale.

Les parents de Kremer avaient des principes religieux et avaient su répandre dans le cœur de leurs enfants les semences de la Parole éternelle; mais ces semences avaient été presque étouffées tant qu'il avait eu une place si difficile et si chargée de responsabilité. N'ayant eu de liberté que tous les cinq jours, et cela après un travail continu de vingt-quatre heures, il s'était affaibli spirituellement, sa foi n'était pas assez solide, et il avait perdu peu à peu toute paix intérieure.

Le dimanche, dans ce jour consacré au recueillement, au repos de l'esprit, au développement de la vie chrétienne, il y avait double travail pour les employés : les trains de voyageurs étaient remplis, et les convois de marchandises semblaient ramasser tout ce qui était resté en retard. Le lundi, par contre, était dans la règle un jour fort tranquille ; quelques trains de marchandises étaient suspendus, les autres étaient peu chargés. On aurait donc pu laisser en repos toutes ces marchandises pendant le dimanche, et les transporter le lundi à moins de frais, mais c'est ce que ne permet pas la déplorable tradition des chemins de fer.

Après cette époque d'abaissement et de mécontentement, la vie en plein air vint rendre à Kremer à la fois la santé du corps et celle de l'âme.

Le repos dont il put jouir dans sa petite station, lui permit de regarder au-dedans de lui ; il comprit pourquoi la vie si fiévreuse de notre époque fait faire des progrès effrayants au matérialisme et contribue puissamment à détruire toute moralité. Les hommes de notre époque ne s'arrachent au monde extérieur que pour tomber dans les bras du sommeil ; puis, dès que le cerveau rentre en possession de lui-même, le travail et les choses du dehors s'emparent de nouveau de l'individu.

Comment un homme pourrait-il se recueillir dans ces conditions? Le dimanche ne lui apporte pas même un instant de repos; au contraire, il faut qu'il consacre au travail les plus belles heures de ce jour.

Kremer eut un sort plus heureux: à mesure que son corps reprit des forces, l'harmonie et la paix rentrèrent dans son âme. Il désirait rester long-temps dans ce poste, où il était agriculteur plus encore qu'employé.

Dans son jardin, une place suffisante a été réservée aux exigences du beau: on y voit des corbeilles de fleurs aux nuances variées; de jolis sentiers, cou-verts de sable fin et bordés de buis, dessinent de nombreuses sinuosités; un pavillon, entouré de chèvrefeuille et de vigne sauvage, permet de goûter une fraîcheur agréable, lorsque le soleil de juillet envoie ses rayons brûlants. C'est là que la famille Kremer prend le café de l'après-midi dans la belle saison, et, dans les plus longs jours, on y prend aussi le souper pour jouir de la fraîcheur du soir.

Le dimanche était devenu pour Kremer le plus beau jour. Les convois si peu nombreux dont il fallait s'occuper, troublaient à peine la paix et le recueillement; on n'aurait certes pu avoir dans les chemins de fer un lot meilleur que le sien. Au moment du culte, il y avait un intervalle de trois heures sans arrivée ni départ de train, et Kremer avait obtenu de ses supérieurs la permission de quitter la gare lorsque sa présence n'était pas indispensable. L'après-midi, il y avait de nouveau un repos de quatre à cinq heures, et il savait employer ce temps de manière à jouir de son dimanche au sein de la belle nature.

L'endroit qu'il préférait était un bois de sapins peu éloigné, avec une maison rustique, ombragée par quelques arbres élancés. On y trouvait des bancs pour s'asseoir à l'ombre, et l'on pouvait y boire du lait chaud. De plus, l'habitant de cette demeure pouvait encore offrir bien des choses excellentes; il y avait là de ce bon pain de paysan qu'Elise préférait de beaucoup à celui du boulanger de la ville. Ses regards se portaient aussi avec plaisir sur les fruits fraîchement cueillis, sur les confitures ou sur les gâteaux. Elle devait choisir entre le lait, sa boisson préférée, et des pruneaux savoureux, car sa mère ne lui permettait pas de goûter des deux à la fois. Elle hésitait quelques instants, et, après avoir considéré le lait avec quelque envie, elle se décidait pour les fruits et les gâteaux, se procurant ainsi les plus hautes jouissances gastronomiques. Ces promenades étaient donc pour Elise les plus beaux souvenirs de sa vie d'enfant.

Quand le soleil du dimanche était sur son déclin et que ses derniers rayons venaient dorer les vitres de la petite ville, sa mère entonnait quelque cantique auquel Elise joignait sa voix. Ce jour, passé ainsi en famille, était beau et bienfaisant. Le père et la mère se sentaient tout autres lorsque, après un sommeil réparateur et la prière du matin, ils reprenaient le lundi leur tâche journalière. Ils se livraient ensemble au travail des champs, avec le concours d'un homme de peine, employé à la gare. Lorsqu'on récoltait les pommes de terre, Elise, toute petite encore, pouvait prêter l'aide de ses petites mains, et elle avait ensuite le plaisir de voir son père allumer un feu pour y faire cuire quelques-uns des tubercules les plus gros. En les mangeant ensuite avec du sel, Elise trouvait ce mets bien plus appétissant que tout ce que sa mère savait préparer.

Les plantations de fraises et les groseilliers rouges faisaient aussi les délices d'Elise, mais elle avait un certain respect pour les groseilles vertes, depuis qu'une épine lui avait blessé le doigt et en avait fait jaillir quelques gouttes de sang.

Elise avait grandi. De fiancée, elle était devenue épouse, et avait appris à connaître les tristes réalités de la vie, avant même que la lune de miel fût écoulée. Plusieurs années avaient passé ; mais l'heure du crépuscule auprès de la fenêtre et le repos du dimanche avaient toujours été pour la jeune femme un dédommagement à ses peines et à son travail journalier. L'approche de l'obscurité faisait revivre le souvenir de son père, de sa mère, de ses amies ; son enfance, avec tout ce bonheur qui ne reviendrait jamais, se retraçait à sa pensée de la manière la plus vivante.

XL

Elise ne sut pas combien de temps elle était restée assise et plongée dans ses réflexions. Elle en fut brusquement tirée en entendant, au second étage, des pas irréguliers et bruyants, comme ceux d'Adolphe lorsqu'il avait bu avec excès. Angoissée de ce qui allait arriver, elle eut cependant un éclair de satisfaction de ce que son mari rentrait enfin ; elle ne voulait pas le recevoir avec des reproches, lui faire mauvais visage et le dégoûter ainsi toujours plus de la maison. Une de ses connaissances, femme d'un contrôleur, avait pris l'habitude de répandre un torrent de larmes toutes les fois que son mari rentrait tard ; celui-ci lui avait donné au cabaret un surnom qu'il avait exprimé en latin, pour lui donner quelque chose de plus harmonieux ; aussi la pauvre dame Baur devait-elle souvent s'entendre interpeller comme suit par les camarades de son époux : « Bonjour, madame Lacrymosa ! comment vous portez-vous, madame Léopoldine-Lacrymosa Baur ? Est-ce bien là un de vos prénoms, ou est-ce seulement un nom d'amitié que vous donne votre mari ? » etc , etc.

Elise alla au-devant de son époux avec une chandelle qu'elle venait d'allumer. Le premier coup-d'œil ne confirma que trop ses appréhensions : Adolphe avait le regard fixe et les yeux vitrés. En apercevant sa femme, il parut cependant reprendre possession de lui-même.

— As-tu quelque chose à manger ? demanda-t-il.

— Oui, répondit doucement Elise, je t'ai gardé ton dîner ; il est au chaud et je vais te l'apporter. Elle éclaira Adolphe jusque dans la chambre, où elle alluma la lampe, puis passa promptement à la cuisine pour lui servir son souper.

— C'est à faire pitié, dit tout à coup Adolphe après avoir apaisé sa faim ; je me suis trouvé avec quelques bons amis et nous avons joué. Le temps a passé si vite qu'il faisait déjà sombre lorsque je me croyais à peine au milieu du jour.

Joué ! Ce mot alla jusqu'au cœur d'Elise ; elle savait que son mari avait souvent perdu des sommes importantes, relativement à leurs faibles ressources. Et c'était le 1er du mois ! Adolphe avait donc joué son salaire mensuel. Le mois prochain, elle se verrait forcée par une dure nécessité, de faire comme la femme de Gugler. Celle-ci avait dû se tenir, le jour de la paye, vers la caisse de la gare, et demander immédiatement à son mari l'argent nécessaire au ménage, avant qu'il eût pu en rien détourner. Mais que dirait Adolphe si elle osait agir ainsi ?

Elle s'informa s'il avait eu du bonheur, ajoutant qu'elle était toujours angoissée quand elle pensait qu'il jouait.

— Oh ! vous autres femmes, vous ne comprenez rien à cela. Ce que vous trouvez de mieux, c'est d'aller régulièrement à l'église, de faire une mine dévote et, après avoir bien prié, de rentrer à la maison d'un air contrit.

Il faut dire à la décharge d'Adolphe, qu'il ne s'exprimait jamais ainsi que sous l'influence de la bière prise avec excès. Ses lèvres répétaient alors ce qu'il avait entendu dire à quelque camarade, mais son cœur n'y donnait aucun assentiment. Quand il se possédait lui-même, il ne se permettait aucune observation blessante sur la religion en général, non plus que sur les habitudes pieuses de sa femme. Cela tenait aux germes de bonne semence que ses parents avaient déposés dans son âme et il en avait gardé encore quelque respect pour les choses saintes.

— Du bonheur ? reprit-il. C'est comme on veut le prendre. J'ai perdu dix-huit thalers, mais j'aurais aussi bien pu perdre tout mon mois ; je peux donc dire que j'ai été heureux à tout prendre. Donne-moi vite encore une tasse de café, car j'ai promis à Gugler et aux autres de retourner vers eux.

Nous avons à causer de quelque chose qui concerne le service : une demande pour obtenir l'allégement de notre travail.

Ce chiffre de dix-huit thalers donna le frisson à Elise ; elle entrevit d'un coup tous les soucis et toutes les privations qui en résulteraient pour elle.

Que deviendraient-ils pendant ce mois ? le traitement d'Adolphe n'était que de vingt-neuf thalers, sans compter le supplément de cinq ou six thalers vers le milieu du mois. Toutefois la pieuse femme ne se laissa pas ébranler ; elle savait que celui qui se confie en Dieu ne bâtit pas sur le sable.

Mais Adolphe voulait encore sortir. Elle avait pensé qu'après son souper, il se coucherait et pourrait ainsi jouir d'un repos suffisant jusqu'au départ du train de huit heures le lendemain matin ; cette espérance même allait lui être ôtée.

— Reste donc ce soir ici, dit Elise ; cela te fera du bien de prendre du repos, car tu n'as eu que trois heures de sommeil la nuit dernière.

Adolphe bâillait en effet profondément et semblait ne pouvoir tenir les paupières ouvertes.

— Oui, dit-il, je sens bien que je suis fatigué, mais j'ai promis à mes collègues.

— Ils comprendront bien que tu te sois mis au lit, étant si fatigué, et ils n'auront pas de reproches à te faire. Tu trouveras ton lit excellent, car le matelas de crin qu'on a rebattu est rentré aujourd'hui.

Ces raisons étaient fort entraînantes, et Adolphe hésitait. Il éprouvait un impérieux besoin de repos et, d'autre part, l'habitude enracinée d'être autour d'une table à boire et de jouer aux cartes, le poussait à rejoindre sa joyeuse compagnie.

Enfin la lassitude l'emporta, surtout quand Elise eut apporté le tire-botte et les pantoufles. Il changea de chaussures et parut réfléchir, puis un nuage envahit sa figure, son front s'assombrit et il appuya sa tête sur ses mains en murmurant quelque chose à demi-voix : sa perte au jeu lui était revenue à la mémoire. Elise emporta à la cuisine la vaisselle qui venait de servir, et envahie par la tristesse elle eut un accès de pleurs convulsifs. Tout allait donc de mal en pis dans leur position pécuniaire, dans la manière de vivre d'Adolphe, et dans leurs rapports l'un avec l'autre ! Mais à quoi servait de pleurer et de se plaindre ? Elle ne pouvait rien changer à l'état des choses.

Dix-huit thalers perdus ! La plus grande partie de son salaire mensuel ! Elle ne comprenait pas qu'un homme pût exposer ce qui lui était indispensable pour vivre. Mais elle avait entendu dire à quel haut degré pouvait se porter la passion du jeu et, voyant dans cette habitude une maladie morale plus encore qu'un acte de légèreté coupable, elle ne pouvait conserver contre Adolphe aucun sentiment d'aigreur.

Après avoir tout remis en ordre à la cuisine,

elle remplit d'eau fraiche une carafe et l'apporta avec un verre, en cas de besoin pendant la nuit. Adolphe était sorti de cette espèce d'assoupissement produit par l'influence des spiritueux. Il alla se coucher et bientôt il parut dormir profondément; aucun rêve pénible ne venait le punir de ses débauches. Quant à Elise, elle resta près de sa lampe à pétrole, les yeux fixés sur le canevas où sa main exercée traçait d'élégantes broderies ; ce ne fut que deux heures après minuit qu'elle se leva, ayant achevé son ouvrage. Elle pourrait le livrer le lendemain, et paraître de nouveau devant ces hommes sans cœur qui l'avaient si durement traitée.

Elise alla chercher du repos, mais auparavant elle s'agenouilla devant son lit et fit monter au ciel une fervente prière. La certitude d'être sous le regard de Dieu lui rendit la tranquillité ; bientôt elle ferma ses yeux fatigués et enflammés par son travail nocturne. Déjà un an auparavant, elle avait senti sa vue quelque peu altérée, et le médecin lui avait interdit les ouvrages trop fins à la lumière.

Le lendemain, elle se leva de bonne heure, prépara le café et se remit à l'ouvrage. Elle ne réveilla Adolphe qu'une petite heure avant le départ du train; c'était là un des nombreux devoirs qu'elle avait assumés : il était toujours entendu qu'Adolphe pouvait dormir à son aise et que sa femme le réveillerait au moment voulu.

Ainsi c'était grâce à Elise qu'Adolphe ne s'était jamais trouvé en retard pour son service.

Lorsqu'il fut réveillé, vers sept heures, le sommeil avait effacé les pénibles pensées de la veille. Mais le jour si clair qui donnait dans ses yeux frappa aussi sa conscience, et il éprouva quelque repentir en pensant à sa perte de la veille.

C'était le second jour du mois et il n'avait pas encore donné d'argent à sa femme. Il fallait pourtant s'y décider, et, tout en déjeunant, il tira son portemonnaie, dont le contenu était singulièrement réduit. Ce qui restait encore, il l'eût volontiers gardé pour ses propres besoins, jusqu'à la paye supplémentaire du milieu du mois. Enfin il tira trois thalers et les donna à Elise. — C'est pour le moment, lui dit-il, je te donnerai le reste un peu plus tard.

Mais d'où Adolphe tirerait-il ce reste? Emprunterait-il pour éviter à sa femme de faire elle-même des dettes? Cependant elle n'avait rien de mieux à faire qu'à recevoir et ménager le peu qu'il lui donnait.

XLI

L'anniversaire de naissance d'Elise approchait; c'était le 4 de ce mois. Ce jour-là elle pouvait attendre avec certitude une lettre de sa famille et s'en réjouir d'avance. Son père, il est vrai, pensait rarement aux fêtes, mais la mère ne les oubliait point ; elle en sentait l'importance, comme moyen de resserrer les liens de la famille et de consolider l'affection qui unit ses membres.

Elise venait de mettre en ordre les lits et toute sa maison ; la pendule de la Forêt-Noire avait sonné neuf heures, lorsque le facteur apparut avec un paquet à son adresse. Elise se hâta de déchirer l'enveloppe ; elle trouva avec plaisir une bonne provision de toile, puis des lettres où se peignait tout l'amour de ses parents. Jamais elle n'avait été aussi émue qu'à la vue de ces lignes envoyées pour sa fête. Comment pourrait-elle jamais rendre à ses parents toute leur affection ? Ses yeux étaient mouillés de larmes et elle regardait fixement dans le vide, comme si elle apercevait une joyeuse image de la maison paternelle.

Elle resta longtemps immobile, puis se décida à examiner ce que contenait encore le paquet.

La mère y avait placé un gâteau cuit par elle-même et qui devait être sûrement du goût d'Elise, puis des pommes et des poires ; au milieu, se trouvait un petit écrin, semblable à ceux qui renferment quelque bijou. L'ayant ouvert presque en tremblant de curiosité, elle y trouva un petit paquet qui contenait dix-sept thalers en or.

Son père lui envoyait ce cadeau pour qu'elle se

choisit elle-même tout ce qui lui serait nécessaire
en fait de toilette.

L'avant-veille encore, Elise pensait à l'avenir
avec angoisse, mais Dieu dans sa bonté avait
pourvu à tout. Mon Rédempteur est vivant, se dit-
elle, et elle sentit que sa confiance en lui n'avait
pas été trompée. Elle était donc délivrée de tout
souci pour l'existence pendant ce mois; sa garde-
robe pouvait attendre, tandis que l'estomac a des
exigences impérieuses. En fait de vêtements, elle
s'était habituée dès longtemps à se contenter du
strict nécessaire; elle se passerait donc pour le
moment d'acquisitions nouvelles.

XLII

L'été était revenu, et avec lui toutes les joies de
la nature. Elise trouvait heureux les gens jouis-
sant d'un revenu tel qu'ils n'eussent pas besoin
de se demander du matin au soir comment ils se
procureraient la nourriture.

Ce n'était pas qu'elle désirât la richesse du
rentier qui demeurait en face de chez elle, ou du
négociant en gros, son proche voisin; elle aurait
été satisfaite d'avoir des ressources suffisantes
pour parer aux besoins les plus impérieux. Mais
cela ne se pouvait, et Celui qui dirige la marche

des choses humaines devait savoir mieux qu'elle-
même ce qui lui était avantageux.

La belle saison tout entière ne fut pour Elise
qu'un combat continuel pour l'existence.

Körne avait toujours attendu en vain qu'Adolphe
lui rendît au moins une partie de ce qui lui avait
été prêté. Ce malheureux avait même encore
sollicité un prêt de quelques thalers, promettant
de rendre tout à la fois et sans nouveau retard.

Léon, péniblement surpris de cette nouvelle
demande, comprenait enfin que Liebmann était
trop enraciné dans de mauvaises habitudes pour
remettre jamais de l'ordre dans ses affaires. S'il
eût voulu, pendant une année, éviter toute dépense
inutile et se tenir éloigné de l'auberge, il se serait
sûrement remis à flot, avec une femme aussi la-
borieuse et économe que l'était Elise.

Mais Adolphe n'était pas disposé à agir ainsi.
Le char descendait la pente avec une vitesse de
plus en plus grande, et il ne faisait pas le moindre
effort pour l'arrêter. Aussi Léon lui déclara qu'il
ne pouvait plus lui venir en aide, ayant lui-même
besoin de l'argent qu'il gagnait.

Adolphe assura Körne qu'il pouvait, pour cette
fois, se fier à sa parole, qu'il allait être nommé
contrôleur, et que l'augmentation de son traitement lui permettrait de payer aussitôt ses dettes.

Körne félicita de bon cœur Liebmann pour son
avancement, mais il ne pouvait décidément pas lui

avancer une somme plus considérable ; ses obligations envers sa famille l'en empêchaient.

Ainsi Adolphe voyait tarir la source où il avait puisé déjà en abondance. Il s'en alla de mauvaise humeur, et Körne put juger par son expression que la place occupée par la reconnaissance dans un cœur humain est quelquefois bien petite.

XLIII

La conjecture de Liebmann se vérifia, car au bout de quatre semaines il reçut sa nomination de contrôleur. Comme on pouvait s'y attendre, ce fut en état d'ivresse qu'il rentra le soir chez lui et montra à sa femme le décret qui le concernait ; puis il lui recommanda de changer, dès le lendemain, la marque du collet de son meilleur uniforme, afin qu'elle pût ensuite faire le même changement à celui qu'il portait habituellement.

Désormais Adolphe aurait un jour de repos sur huit ; son travail de nuit était aussi un peu diminué ; mais les heures qu'il gagna ainsi continuèrent à être employées au seul genre de distraction qu'il goûtât, à l'auberge et au jeu de cartes. Son salaire était aussi quelque peu augmenté, mais Elise n'en retirait aucun avantage.

XLIV

Des flocons de neige s'agitent maintenant dans l'air et couvrent les rues d'un léger duvet.

L'hiver est de nouveau là, et Elise a acquis la triste certitude qu'elle ne peut continuer à vivre avec de si faibles ressources pécuniaires.

Mais comment ses mains pourront-elles lui procurer un gain supplémentaire? Tout à coup il lui vint une idée. Elle connaissait, depuis quelques mois, la femme d'un autre employé; celle-ci avait ouvert une école de couture pour de jeunes dames, ce qui était plus lucratif et moins fatigant que de travailler pour des magasins.

Ce fut là un trait de lumière. Lorsque Elise avait sa mère auprès d'elle, il avait déjà été question de quelque chose de semblable, mais, comme la détresse pécuniaire n'était pas alors aussi forte que maintenant, on n'en était pas arrivé à un projet positif, d'autant plus que Mme Kremer craignait pour la santé d'Elise un travail trop assujettissant.

Aujourd'hui qu'il fallait à tout prix améliorer la position matérielle du ménage, la santé ne devait être consultée qu'en seconde ligne. D'ailleurs, le moment se trouvait propice, car la maîtresse de couture, qu'Elise avait connue, venait de quitter la ville, son mari ayant été transféré dans une autre station. Il y avait donc toutes chances de réunir des élèves en assez grand nombre. Adolphe, de son côté, ne put qu'approuver ce projet. Elise avait passé dix-huit mois chez une tante qui tenait une école particulière de couture, et y avait acquis les connaissances les plus complètes dans tous les genres de travaux à l'aiguille. Ce talent lui fut maintenant en bénédiction. Elle eut bientôt huit élèves, et dut même en refuser d'autres, afin de pouvoir consacrer à chacune le temps convenable.

Körne, qui avait entendu parler du projet des Liebmann trouva un jour, en entrant chez eux à l'improviste six jeunes filles cousant avec ardeur. Aussitôt douze yeux empreints d'une curiosité presque enfantine se dirigèrent sur le jeune homme, qui ne put s'empêcher de faire un certain mouvement.

La réalisation de ce plan eut pour Elise plus d'un avantage; ce qui était presque aussi important que le profit matériel, ce fut l'influence bienfaisante exercée sur elle par ses joyeuses compagnes. Elle se rajeunissait en entendant le babil des jeunes filles, et le chagrin disparaissait, au moins momentanément, devant leur gaie conversation.

Léon étant entré au retour d'une promenade pour demander quelque chose à Mme Liebmann, remarqua que le nombre des élèves s'était accru, et, malgré sa timidité, il chercha à se rendre compte des visages nouveaux. Un flot de sang monta à ses joues lorsqu'il reconnut Amanda Brause. Elle aussi parut fort étonnée et presque embarrassée; elle baissa les yeux pendant un court instant, comme pour reprendre contenance, avant de recevoir le salut qu'elle attendait.

— Bonjour, mademoiselle Brause, dit-il en hésitant, il y a longtemps que je n'ai eu le plaisir de vous voir. Auriez-vous été absente de la ville?

Et il continua à parler avec une vivacité peu naturelle, voulant par là affecter de l'indifférence.

Amanda répondit qu'elle avait passé tout l'été à la ville, et Léon lui demanda des nouvelles de son frère. Ayant reçu une réponse satisfaisante, il se souvint qu'il était temps d'aller à son bureau. Ainsi, à moitié content d'avoir un prétexte pour sortir, à moitié fâché de devoir quitter si vite Amanda, il prit congé d'elle en rappelant que la ponctualité était indispensable dans son travail.

Amanda elle-même n'était pas complétement à son aise en face de Léon Körne; elle n'osait pas s'avouer qu'elle avait pour lui un secret penchant et elle le regardait déjà comme l'idéal d'un jeune homme.

Le lendemain, Léon, en parlant à Elise, amena l'entretien sur les nouvelles élèves, et raconta qu'il avait été autrefois présenté à Amanda Brause par le frère de celle-ci.

— Je n'ai jamais vu une demoiselle aussi aimable, répondit Elise avec un certain enthousiasme. Son âme semble être de l'or pur et tout en elle est attrayant.

Mme Liebmann ne soupçonnait pas qu'en s'exprimant ainsi elle jetait de l'huile sur le feu.

Dès lors la jeune fille fut toujours présente à la pensée de Léon. Elle se trouvait souvent sous le même toit que lui, elle montait le même escalier, elle était assise là tout près, et le charme qu'elle répandait semblait régner encore après son départ.

S'il arrivait qu'Amanda passât devant lui, et que les vêtements de la jeune fille vinssent à frôler sa main, il se sentait trembler de bonheur. Il fallait donc qu'il la vît, et désormais il eut toutes sortes de prétextes pour entrer chez Mme Liebmann. Mais, quand il allait ouvrir la porte, son cœur battait violemment et il craignait que tout le monde ne s'en aperçût. Plus il s'efforçait de prendre un air indifférent, plus il lui semblait qu'on devait lire sur son visage ; ses yeux étaient devenus brillants, la respiration lui manquait, sa main tremblait et toutes les locutions lui faisaient défaut.

Quand il avait fini de traiter avec Elise de ce qui était l'objet de sa visite, il fallait bien échanger quelques mots avec Mlle Brause ; mais il y avait tant d'oreilles pour écouter, que l'entretien ne pouvait facilement s'élever au-dessus des phrases triviales telles que : « Vous travaillez aujourd'hui avec bien de l'ardeur, mademoiselle ; » ou « Il fait

joliment froid aujourd'hui ; » ou « Chaque saison a
ses bons côtés et il faut savoir les reconnaître. » Or
ces conversations banales répugnaient à Léon.

XLV

Les semaines s'écoulèrent ainsi. Noël approchait et Léon alla revoir sa famille.

Quelque bonheur qu'il ressentit au milieu des
siens, il lui manquait cette fois quelque chose pour
être parfaitement heureux. Une certaine incertitude régnait dans son âme, et ce sentiment ne
pouvait échapper longtemps à l'œil de sa mère.

Léon avait parlé dans une de ses lettres de l'é-
cole de couture de Mme Liebmann ; une de ses
sœurs lui demanda pendant le repas s'il y avait là
de jolies écolières. — Oh ! sans doute, répondit-il
aussitôt, puis il s'arrêta court et rougit. Cette réponse si brève à une question faite en plaisantant étonna beaucoup les membres de la famille.
Son père et ses sœurs soupçonnèrent bien
quelque chose en voyant son embarras, mais sa
mère se rendit compte d'une manière exacte du
changement qui s'était opéré en lui, et tout ce
qu'elle vit pendant le séjour de son fils la confirma
de plus en plus dans ses suppositions. Ce cœur
maternel était agité par un sentiment presque

pénible, à la pensée qu'une jeune fille encore inconnue occupait maintenant les pensées de Léon.

Celui-ci avait presque vingt-quatre ans ; il avait donc encore devant lui ces six années qui appartiennent encore à la jeunesse, et qui complètent le développement corporel et intellectuel de l'homme.

Le départ de Léon fut plus pénible pour sa mère qu'elle ne pouvait le lui déclarer, ni même se l'avouer à elle-même. Extérieurement, rien n'était arrivé, rien n'avait changé dans la vie de famille ; mais un cœur de mère est quelquefois capable de deviner l'avenir ; elle saisit le cours des idées de son enfant et aperçoit leur issue, même avant que celui-ci s'en rende compte.

XLVI

Léon avait repris son travail et voyait Amanda à peu près deux fois par semaine ; il n'aurait pas osé le faire plus souvent, de peur d'éveiller les soupçons. Mais il connaissait mal le sexe féminin, et Amanda aurait déjà été exposée à bien des railleries, si elle n'avait été plus âgée que la plupart de ses compagnes. De son côté, elle avait pris l'habitude de voir Léon et se trouvait vraiment attristée si sa visite se faisait attendre.

Léon avait souvent déploré en lui-même la diffi-
culté qu'il éprouvait à faire son chemin dans le
monde ; les fils de parents riches lui semblaient
bien mieux partagés que lui. Mais le revers de la
médaille se présentait bientôt à son esprit : ces fils
de famille étaient généralement médiocres ; alors,
reprenant quelque entrain, il priait Dieu de lui
donner la force de persévérer dans la bonne voie.

XLVII

Adolphe Liebmann était contrôleur depuis une
année ; son service était donc exclusivement consacré aux trains de voyageurs ; par conséquent, il
jouissait de bien des avantages qui lui étaient in-
connus tant qu'il n'avait été que serre-freins. Tantôt
on lui offrait un cigare, tantôt un verre de bière ou
de vin. Tel voyageur aime à être seul, et Adolphe,
dont la main a palpé quelque chose de consistant,
semble, dès lors, ignorer l'existence de ce compartiment. Un autre lui confie quelque chose à garder ;
un troisième le charge d'une commission. Bref,
à la fin du mois, Adolphe pouvait se rendre compte
d'avoir reçu, en dehors de sa paye, une fort jolie
somme. Mais tout cela avait été employé à s'accorder quelques jouissances de plus, jouissances qui

consistaient surtout dans les jeux de cartes et dans l'emploi des spiritueux.

Adolphe semblait avoir perdu toute intelligence de ce qui est moralement bon, beau et grand. Il n'éprouvait que de l'ennui ; il lui fallait être avec des camarades autour d'une table à boire pour se trouver à son aise. Son traitement était plus fort qu'autrefois, et il recevait en outre des pourboires ; quand tout cela ne lui suffisait pas, il savait trouver des âmes compatissantes qui lui faisaient des avances, mais à un intérêt très élévé.

Il avait un jour de repos sur huit, et, lorsque ce jour tombait sur le dimanche, voici comment il le passait. Libéré de son service à deux heures du matin, il dormait jusqu'à dix heures, puis s'habillait et allait rejoindre ses compagnons pour prendre une chope matinale. L'après-midi, s'il faisait mauvais temps, il retournait au café et la pauvre Elise ne pouvait guère compter que son mari rentrât pour souper. Ce n'était que le lundi matin qu'il regagnait sa couche, la tête appesantie par les excès.

Cependant, il fallait quelquefois changer de lieu de réunion au grand déplaisir de ses camarades qui, sous ce rapport, étaient tout ce qu'il y a de plus conservateurs. Lorsque les dettes de consommation avaient atteint un chiffre qui paraissait suspect à l'aubergiste, celui-ci refusait tout nouveau crédit, et on devait se transporter ailleurs.

Pendant toute l'année, Elise travailla avec ardeur et, grâce à ce qu'elle gagnait de son côté, elle
put faire face aux dépenses. Quant à Adolphe,
l'augmentation de son salaire n'avait fait qu'exciter
ses mauvaises passions. L'homme doit bien jouir
un peu de la vie, disait-il.

S'il avait toujours été ponctuel pour son service,
il le devait à sa femme ; elle avait même souvent
couru à l'auberge, où il s'oubliait, afin de lui rappeler son devoir.

Depuis la mort de Grâfe, Adolphe avait redoublé
de prudence afin qu'on ne le soupçonnât pas
de trop s'adonner aux spiritueux. Comme son
haleine aurait pu le trahir et lui attirer des punitions, un de ses amis lui avait conseillé de se
munir de pastilles de menthe, afin de se les mettre
dans la bouche lorsque l'occasion l'exigeait.
D'autres employés préféraient, dans le même but,
des grains de café grillé.

Quand Adolphe était libre, il faisait, ainsi que
ses camarades, la plus grande attention à ne pas
être surpris dans quelque débauche nocturne par
l'inspecteur de la gare qui, comme on le disait, avait
des espions.

Au delà de la rivière qui coule tout près de la
ville se trouvait une auberge avec de beaux jardins ;
on y arrivait au moyen d'un bac. C'était un des endroits préférés de Léon, lorsqu'il n'avait pas le
temps d'aller plus loin. Il y faisait bon pendant

l'été, à l'ombre des poiriers et des noyers, et avec l'air frais qui venait de la rivière ; aussi chaque dimanche, y voyait-on arriver par le bac de nombreux promeneurs.

Adolphe et ses collègues se rendaient souvent à cette auberge du *Canotier*, comme on l'appelait, parce que le propriétaire, Nicolas Kunz, était fermier du bac. Ce n'étaient pas les beautés de la nature qui les attiraient, mais l'excellente bière, les cartes et, surtout, le jeu de dés qui amenait dans leurs amusements quelque diversion.

On ne jouait d'abord que pour la consommation, puis, quand on avait ainsi joué pour la bière bue et pour celle que l'on avait en perspective, quelqu'un proposait de tenir une banque, soit à un jeu de cartes, soit à un jeu de dés. Les tromperies étaient d'ailleurs en plein usage, car l'amitié ne s'étendait pas jusqu'à la bourse. Pourquoi d'autres étaient-ils assez simples pour se laisser duper ?

Sous ce rapport, Adolphe était honnête, non cependant par principe, mais par timidité et inexpérience ; aussi, lorsqu'il gagnait, était-ce par un hasard extraordinaire. Dans la règle, il perdait chaque fois une somme notable.

On comprend que, dans de pareilles circonstances, le désordre dans ses affaires allât en augmentant. Chez le *Canotier*, toutefois, on ne faisait pas de dette, on payait toujours comptant, afin de conserver cette retraite commode dans laquelle les employés ne seraient pas trop facilement épiés.

XLVIII

Adolphe, à qui ses supérieurs n'avaient eu aucun reproche à faire depuis longtemps, reçut un jour l'avis qu'il serait chargé, comme essai, de la conduite des trains de marchandises.

Etre conducteur de train, cela flattait son orgueil, mais il saisit bientôt les côtés fâcheux de ce changement. D'abord, il n'aurait plus qu'un jour de repos sur neuf; de plus, toutes les aubaines dont il jouissait en cigares, vin, bière ou cognac, allaient disparaître, ainsi que la possibilité de s'asseoir en hiver dans un coupé bien chaud, et de jouir presque du même confort que les voyageurs lorsqu'il y avait peu de monde.

Tout cela lui était fort désagréable, mais comme les murmures ne servaient à rien, il se mit à rechercher philosophiquement les bons côtés de sa nouvelle position. Il commanderait un train et porterait des insignes spéciaux. En hiver, le wagon où il se tiendrait serait chauffé, et dans les trains de nuit il n'aurait pas trop de peine.

Pour Elise, ce changement passa presque inaperçu. Dans les rares dimanches où son mari était libre, il faisait bien souvent mauvais temps.

S'il y avait une fois un soleil splendide, si tout semblait appeler dans les champs, Adolphe ne pouvait se dispenser de faire une promenade avec sa femme ; la pâle Elise se sentait restaurée après avoir ainsi joui du plein air, mais, par manque d'habitude, elle finit par ressentir dans ces sorties une grande fatigue. Évidemment, elle était trop privée d'air, de lumière et de mouvement, ces remèdes universels qui font mieux que guérir les maladies, car ils les empêchent de naître.

Le ton affectueux qui avait régné entre Adolphe et Elise lorsqu'ils étaient amis d'enfance, ainsi que dans les premiers temps de leur mariage, avait disparu. En effet, d'où Adolphe aurait-il tiré quelque contentement intérieur et véritable ? Aussi Elise ne se réjouissait pas trop de ces dimanches de congé. Ce qu'elle appréciait le plus et ce dont elle pouvait jouir même en l'absence de son mari, c'était la fréquentation du culte et la communion avec son Dieu. L'après-midi, elle prenait ordinairement un livre intéressant, afin d'oublier sa solitude et le manque d'affection qui, si souvent, avait fait saigner son cœur.

Elle était maintenant résignée ; sachant sur quoi elle pouvait compter, elle n'attendait rien de plus. Son école de couture était pour elle une distraction bienfaisante, et la dédommageait abondamment du travail qu'elle y consacrait.

Adolphe ne parlait point à sa femme de ses dettes ;

elle en soupçonnait bien quelque chose, mais ses suppositions restaient fort au-dessous de la réalité. Dans leurs rares promenades, elle évitait avec soin tout ce qui aurait pu irriter ou attrister son mari ; on finissait par s'asseoir pour prendre un verre de bière ; Adolphe cherchait avec peine un sujet de conversation, ceux auxquels il était habitué ne pouvant convenir à sa femme. Il ne pouvait trop parler de ses camarades, car leurs faits et gestes auraient peut-être fait naître sur le visage d'Elise quelque expression de blâme, et ce blâme aurait rejailli sur celui qui recherchait leur société. Aussi Adolphe se bornait à remuer le sable avec sa canne ; il ne buvait d'ailleurs qu'avec une certaine modération, ne voulant pas que sa femme se doutât de ce qu'il pouvait consommer.

Les époux rentraient à la maison, peu satisfaits de ce jour de repos ; Elise préparait le souper, et, lorsqu'on avait mangé, Adolphe allait rejoindre ses compagnons habituels. Alors on se livrait aux mêmes plaisirs que le matin, et l'on ne s'arrêtait que lorsque l'aubergiste éteignait les becs de gaz.

XLIX

Au bout de six mois, Adolphe était encore conducteur et rien n'avait changé dans son service.

Mais, dans ces derniers temps, il avait plusieurs fois ressenti de légères indispositions et s'était aussitôt déclaré malade. Cette suspension de travail lui avait beaucoup plu, et il déplorait d'avoir été jusque-là assez consciencieux pour faire son travail en souffrant de la tête ou de l'estomac.

La possibilité de se reposer pour la moindre cause en jouant le malade, tout en continuant à toucher sa paye, avait quelque chose de trop séduisante aux yeux d'Adolphe pour qu'il ne se proposât pas d'en faire le plus large usage.

Peu auparavant, on avait célébré le jour de naissance d'un camarade, et l'aurore avait surpris les convives attablés encore dans l'arrière-chambre de l'auberge.

Ce jour-là, la bière n'avait pas été la seule boisson. On avait demandé de temps à autre, en l'honneur de la fête, une bouteille de vin. Puis, si l'estomac d'un des buveurs refusait son service, il demandait aussitôt du cognac, et tous les autres l'imitaient.

Adolphe devait être à son poste à sept heures du matin et n'arriver qu'à une heure de la nuit au terme du voyage. C'était une fâcheuse perspective, bien propre à exciter un secret murmure.

— Tu serais, lui dit-on, un âne de première espèce si, après avoir passé la nuit sans dormir, tu allais courir le monde jusqu'à une heure aussi avancée. Ce serait sacrifier sa santé et tu dois la conserver dans l'intérêt public. Ce sera tout au profit de la direction si tu vas dormir jusqu'à midi. De semblables conseils n'étaient que trop facilement écoutés.

Les rues commençaient à s'animer ; les laitières arrivaient à la ville ; on venait d'éteindre les becs de gaz, mais le repos régnait encore dans les maisons.

Adolphe rentra chez lui, et fut presque saisi par la fraîcheur du matin. Tant qu'il avait été plongé dans l'atmosphère de la chambre à boire, son ivresse ne s'était pas trahie, mais à présent sa démarche chancelante attirait sur lui les regards ironiques des passants. Ses camarades avaient pris congé de lui à la porte de l'auberge, sans lui offrir aucune aide pour regagner sa demeure.

— Va à la gare, fut son premier mot à Elise, qui avait passé une nuit d'inquiétude, et dis que je suis malade ; j'enverrai l'attestation à midi.

Elise n'était pas portée à la contradiction ; rien ne lui répugnait plus que les disputes et les paroles prononcées trop haut ; aussi ne hasardait-elle jamais un mot de blâme. Mais lorsque Adolphe eut plusieurs fois prétexté une maladie, elle n'avait plus pu se taire ; une pareille habitude offrait trop de danger. Elle s'était armée de tout son courage et lui avait représenté que ces déclarations trop fréquentes de maladie pourraient avoir des suites fâcheuses. Après quelques instants de réflexion, Adolphe avait répondu d'un air moitié fâché, moitié riant, qu'Elise voyait des fantômes où il n'y en avait pas. Il était, disait-il, réellement malade et la direction pouvait accorder aux employés quelque repos. Dernièrement, Schulze avait demandé, pour cause de fatigue, un congé de quinze jours; on le lui avait accordé, à charge par lui de payer son remplaçant. Peu après, a paru un arrêté par lequel la fatigue ne peut plus être donnée comme raison suffisante pour un congé; il faut une attestation du médecin pour certifier qu'un employé a besoin de repos. Cependant Schulze n'a pas eu un seul congé depuis six ans, tandis que les administrateurs passent chaque année six à huit semaines aux bains.

Elise sentait qu'il y avait une part de vérité dans les plaintes de son mari, mais cela ne justifiait pas une déclaration de maladie pour un simple mal de tête. Elle avait essayé, une autre fois encore, une timide remontrance, mais Adolphe s'était montré intraitable et lui avait imposé silence avec rudesse.

Elise se rendit donc à la gare ce jour-là pour faire le message de son mari. L'inspecteur fit une grimace caractéristique et demanda, avec quelque ironie, ce qui manquait à Liebmann.

— Il souffre de la tête et n'a point d'appétit, répondit Elise, qui promit d'apporter à midi le certificat médical.

— Oui, dit l'inspecteur, procurez-vous cette pièce le plus tôt possible; je crois, d'ailleurs, que plus vite il reviendra à son travail, mieux ce sera pour son service et pour lui-même.

Après le départ de la jeune femme, l'inspecteur, s'adressant à son second, lui communiqua ses inquiétudes au sujet de Liebmann. — Il me fait l'effet de se déranger, car les maladies deviennent par trop fréquentes. Mais, patience; je saurai bien à la fin ce qui en est.

Elise trouva Adolphe plongé dans un profond sommeil; elle le réveilla à midi et demi, après avoir préparé le dîner, mais il ne fit que murmurer quelque chose d'incompréhensible, et continua à dormir.

A deux heures, Adolphe se frotta les yeux et fut effrayé en s'apercevant qu'il était si tard. Son repas l'attendait, mais il n'avait aucun appétit. Un de ses amis, Fiebel, arriva sur ces entrefaites, se moqua un peu de ce long sommeil et, pendant qu'Elise tournait le dos, il avertit Adolphe, à demi-voix, qu'il venait le prendre pour s'amuser un peu chez le *Canotier*.

— Je n'ai pas faim, dit Adolphe à sa femme, et je vais faire une promenade avec Fiebel. Nous allons à la forêt, où nous ne rencontrerons personne de suspect. D'ailleurs, puisqu'il faut que je soigne ma santé, j'ai bien le droit de me promener.

On vit bientôt après Liebmann et Fiebel entrer

dans le bac et se diriger vers le lieu du rendez-vous. Il y avait déjà quelques connaissances dans la chambre à boire ; la bière fut apportée et Adolphe éprouva d'abord un sentiment de dégoût ; toutefois il en avala un verre comme une médecine, le second verre excita déjà moins de répugnance, et bientôt il se remit à boire comme d'habitude. Ici, au moins, on n'avait aucun souci d'être surpris, car personne ne devait rien savoir de cette visite à l'auberge. Un des camarades d'Adolphe, après avoir fait une partie de cartes, s'était levé et avait fait quelques pas en dehors de la salle ; mais, tout à coup, rentrant en courant et l'air consterné, il s'écria : — L'inspecteur ! l'inspecteur ! Celui qui eut le plus de présence d'esprit enleva la planche verte sur laquelle on jouait et la jeta derrière une chaise ; les cartes tombèrent sous la table et, au même instant, l'inspecteur de la gare entra.

— C'est donc comme cela, monsieur Liebmann, que vous soignez votre maladie à l'auberge ! C'est de mieux en mieux ! On saura bien porter remède à ces maladies d'employés, qui semblent devenir chroniques.

Il disparut, et nos hommes restèrent comme pétrifiés. Enfin l'un d'entre eux s'écria en s'adressant à Adolphe :

— Maudit soit celui à qui tu es redevable de ce tour ! J'aimerais bien savoir quel est celui qui nous a trahis.

Adolphe ne reprenait pas contenance ; il pensait qu'il n'y aurait plus moyen de recourir à de feintes maladies, et qu'on pouvait prévoir des conséquences fatales.

Tout le monde lui dit qu'il n'y avait rien de mieux à faire que d'attendre tranquillement. — Cela ne te coûtera pas la tête, lui répéta-t-on. — Mais tout entrain avait disparu et personne n'était plus disposé à jouer.

Enfin on se décida à partir en se donnant rendez-vous pour le soir dans un cabaret de la ville.

Adolphe rentra chez lui. C'était bientôt l'heure de souper, et il attendit patiemment d'être servi. Elise remarqua bien qu'il lui était arrivé quelque chose de désagréable, mais elle n'osa le questionner. Après avoir mangé, il se prépara à sortir, voulant encore prendre un verre de bière, disait-il.

Bientôt après, Körne, qui venait de souper, rentra chez lui et aperçut Mme Liebmann.

— Je suis bien aise de vous voir, dit-il ; et il lui raconta que, dans son bureau, il avait été parlé de l'équipée de son mari.

— Employez toute votre influence, ajouta-t-il, pour qu'il retourne à son travail demain matin ; sans quoi cela pourrait aller bien mal pour lui. Je crois que son penchant pour les spiritueux est maintenant connu de ses supérieurs, quoique, depuis l'accident de Gräfe, on n'ait pas eu de reproches à lui faire dans l'exercice de ses fonctions.

Il y a déjà quelques jours, que l'inspecteur, sachant que je demeure ici, me demanda si j'avais remarqué chez Liebmann quelque accroissement de dissipation ; mais je n'ai fait qu'une réponse évasive. En tout cas, il faut qu'il retourne demain matin à son service, et il en sera peut-être quitte pour une remontrance ou une petite amende.

Elise comprit alors la taciturnité d'Adolphe et son retour à une heure moins tardive qu'à l'ordinaire. Il s'agissait maintenant de leur existence ; une goutte pouvait faire déborder le vase.

Remerciant Körne de son bon conseil, elle se disposa à aller chercher son mari, qui lui avait dit heureusement où il se rendait. S'étant habillée chaudement, elle se dirigea vers l'auberge et entra avec ce courage que le devoir peut donner aux femmes ; s'approchant d'Adolphe, elle le pria à demi-voix de sortir, parce qu'elle avait quelque chose d'important à lui communiquer. Il la suivit, non sans quelque humeur d'être éloigné de son jeu pour un moment.

Elise lui raconta avec émotion ce qu'avait dit Körne et le supplia de retourner au travail pour éviter de graves conséquences.

Si Elise avait parlé de son propre chef, Adolphe ne l'aurait point écoutée, mais il ressentait pour la supériorité intellectuelle et morale de Körne une sorte de respect involontaire. Un abîme semblait s'ouvrir devant lui et il crut voir la longue suite de ses années de service brusquement interrompue par un renvoi. Il fallait donc, à tout prix, suivre le conseil de Körne, et pour cela partir à deux heures de la nuit; la nécessité l'y poussait : c'était une question d'existence.

Toutefois il ne se confiait pas assez en sa force de volonté pour rentrer dans l'auberge et prendre son manteau, Elise y alla pour lui et annonça à ses camarades, à leur grand étonnement, que son mari ne pouvait rester davantage, devant partir cette nuit même.

Ce fut une chose toute nouvelle pour eux de voir Liebmann « sous la pantoufle », comme ils le dirent pour expliquer sa conduite. Jusqu'alors on le regardait comme le mieux partagé des époux, car il ne trouvait jamais chez lui des remontrances, des murmures ou des larmes de crocodile.

En vérité, Elise n'aurait pas su pleurer devant Adolphe. Si l'amour et le respect pour sa femme ne le maintenaient pas dans les bornes de la convenance, elle ne voulait au moins pas s'humilier devant lui.

Ils cheminèrent sans mot dire, et Léon, qui lisait dans sa chambre, les entendit rentrer. Un instant après, il alla trouver Liebmann pour lui conseiller d'écrire une courte lettre à l'inspecteur de la gare, en lui présentant ses excuses pour ce qui était arrivé, et en ajoutant qu'il reprenait son service cette nuit même, pour réparer sa faute autant que possible.

Il fallait donc écrire ! Adolphe ne parvenait qu'avec peine à rédiger les rapports qui lui étaient demandés sur ses trajets. Körne, remarquant son embarras, se hâta de prendre une plume et de l'encre et écrivit une lettre convenable, qu'il lut à Liebmann. S'il en était satisfait, il n'avait qu'à la recopier, et la porter avec lui à la gare. C'était ce qu'il avait de mieux à faire.

Adolphe ne pouvait résister à l'autorité de son voisin ; il mit donc tous ses soins à copier cette page, après quoi il gagna son lit pour avoir encore quelques heures de repos.

Elise ne s'accorda pas la même jouissance : elle aurait eu de la peine à dormir, et devait se lever avant Adolphe pour lui préparer son café. Elle prit donc son ouvrage, tout en priant Dieu en silence et se remettant entre ses mains pour l'avenir.

Quand elle réveilla son mari, celui-ci dormait profondément : il jouissait dans son lit d'une chaleur agréable, et il lui paraissait extrêmement dur de se lever ; cependant il s'y résigna, car il n'y avait pas une minute à perdre.

Une heure après, il voyageait dans la nuit obscure, après avoir posé sa lettre sur le pupitre de l'inspecteur : il se sentait pourtant soulagé et éprouvait quelque reconnaissance envers sa femme, car, s'il eût prolongé son absence pendant quatre jours, il aurait été congédié à coup sûr.

L

Huit jours plus tard, Adolphe recevait une lettre de la direction : par suite d'une déclaration de maladie abusive, mais en considération de sa lettre d'excuses et de sa prompte rentrée au service, il n'était puni que d'une amende de deux thalers. En outre, il perdait le salaire correspondant à son jour d'absence.

Quand il montra cette lettre à ses compagnons, ils lui assurèrent qu'il pouvait être content et que si, pendant trois mois, il buvait chaque jour une chope de bière de plus, il aurait bientôt oublié ses trois thalers. Ce conseil parut sourire beaucoup à Adolphe.

Les beaux jours de liberté qu'il avait compté se procurer par l'autorité du médecin, s'étaient évanouis : mais tout aurait pu aller bien plus mal encore. Il n'était point las de passer sa vie dans les trains, car les buffets abondaient d'un bout à l'autre de la ligne.

Pendant quelques semaines, il se surveilla un peu plus et resta rarement au cabaret bien avant dans la nuit. Mais avec de mauvaises habitudes déjà enracinées, il n'y avait pas à espérer un retour définitif au bien.

Bientôt il se retrouva dans l'ancienne ornière, et se laissa entraîner aux pires excès par ceux de ses camarades qui n'étaient pas mariés. Depuis longtemps il ne tenait plus par principe à la fidélité conjugale. Il voyait d'autres époux se moquer de lui parce qu'il se croyait lié par le nœud sacré du mariage. — Tout cela est bon pour des têtes faibles, lui disait-on, et l'on ne vit qu'une seule fois. Adolphe, ayant perdu toute espèce de convictions chrétiennes et même de pensées morales un peu élevées, n'avait pas assez de fermeté de caractère pour considérer en face l'abîme vers lequel il marchait, et s'en détourner. Il suivit donc le grand courant et fit comme les autres.

LI

Dix-huit mois s'écoulèrent sans amener de changements extérieurs dans la position d'Adolphe, mais, sous le rapport financier, tout allait de plus en plus mal. Tandis que sa femme observait la plus stricte économie, lui devait aux aubergistes, au tailleur et au cordonnier; mais il y avait quelque chose de pire encore : c'étaient les obligations contractées envers ces sangsues que le langage populaire désigne sous le nom de *fabri-*

cants de cravates, c'est-à-dire de cravates pour s'étrangler.

Plusieurs fois déjà, Adolphe avait dû renouveler ses engagements, c'est-à-dire les échanger contre de nouveaux billets avec une énorme augmentation des intérêts : le malheureux signait toujours, sans la moindre hésitation.

Le premier coup de pioche qui devait faire écrouler le sol sous les pieds d'Adolphe fut donné par son cordonnier. Il avait fait crédit pendant trois ans, se laissant bercer par des promesses répétées. Tantôt Liebmann devait recevoir de l'argent de ses parents ou toucher un héritage ; tantôt il était au moment de recevoir sa paye, qui lui servirait à acquitter ses dettes ; ou bien il allait envoyer tout de suite sa femme, qui apporterait la somme nécessaire. Mais, après trois années, le cordonnier se convainquit qu'il fallait recourir à des moyens de rigueur.

Les parents d'Elise l'avaient invitée, d'une manière pressante, à venir les visiter avant l'automne. Ils avaient grand désir de la voir, d'autant plus que sa mère ne se sentait pas bien. La jeune femme ne pouvant résister à cette demande, Adolphe consentit à ce qu'elle s'éloignât pour quelques semaines.

Madame Kremer avait souffert d'un catarrhe inflammatoire, et, pendant quelques jours, les médecins avaient jugé son état grave ; mais à présent elle allait mieux et semblait hors de danger. Les yeux maternels brillèrent de joie quand elle vit arriver Elise : elle aurait eu alors moins de peine à quitter cette terre, ayant auprès d'elle ceux qu'elle aimait ; mais Dieu permettait qu'il en fût autrement. Aussi un sentiment de reconnaissance inexprimable remplissait le cœur de cette pieuse femme, en se voyant elle-même arrachée à la mort, tandis que tous les siens se trouvaient en bonne santé.

Elise de son côté ne fut pas moins heureuse, et sentit vivement ce qu'elle aurait perdu si sa mère eût succombé. La vie lui aurait apparu alors comme un désert.

Elle passa quatre semaines chez ses parents ; Adolphe devait lui écrire s'il avait besoin d'elle pour une cause quelconque. Elle lui avait annoncé son heureuse arrivée et elle espérait que sa voisine, Mme Losch, ferait en son absence les chambres et les lits comme elle l'avait promis. Cette voisine, femme d'un plâtrier-vernisseur, devait aussi préparer le café du matin pour Léon Körne, aussi bien que pour Liebmann quand il ne se trouvait pas à son service. Le temps s'était écoulé et chacun avait été satisfait de son arrangement.

La ruine d'Adolphe approchait, car le cordonnier avait porté plainte à ses supérieurs. Aussitôt que les autres créanciers en eurent connaissance, chacun, voyant la catastrophe imminente, s'empressa de faire valoir ses droits, soit devant la justice, soit devant la direction du chemin de fer. Celle-ci s'entendit avec le tribunal et lui remit toutes les demandes pour les vérifier.

Trois semaines après, Adolphe recevait communication d'un décret qui le transférait dans une station reculée, à l'extrémité de la ligne. On lui accordait le voyage gratis pour lui et sa femme, ainsi que le transport de ses effets, mais les autres frais de son déménagement restaient à sa charge ; ce changement de poste étant une punition, on lui enlevait aussi la direction des trains et il redevenait simple contrôleur.

Adolphe n'avait que cinq jours pour quitter cette ville dans laquelle il avait passé tant années en descendant toujours de degré en degré, tant au point de vue moral qu'au point de vue religieux : il allait la quitter comme un banni. Mais de telles pensées ne le préoccupaient point ; il écrivit à Elise de revenir aussitôt, parce qu'il devait changer de localité.

LII

Un coup succéda à un autre. L'huissier vint chez les Liebmann pour évaluer les meubles, car il fallait faire un accord avec les créanciers.

Quand Elise descendit du train, ce fut inutilement qu'elle chercha des yeux son mari, auquel elle avait annoncé l'heure de son arrivée. Elle se dirigea en hâte vers sa demeure, car ce rappel subit ne laissait pas d'exciter en elle quelque angoisse. A son arrivée, elle trouve des étrangers dans l'appartement ; des voix qui n'avaient jamais retenti dans cette paisible habitation s'y faisaient entendre : elle reconnaît l'huissier, le cordonnier, deux aubergistes, et elle comprend tout. Il lui semble que son cœur va se briser ; une crampe violente l'étreint, mais elle doit se contenir et regarder d'un œil ferme l'anéantissement de leur intérieur.

Plusieurs meubles, qui lui appartenaient en propre, étaient insaisissables : c'étaient un lit, un sopha, une armoire vitrée et quelques chaises. Elle en fit la déclaration d'une voix tremblante et l'employé du tribunal en prit note.

Mais où était son mari ? L'huissier, qu'elle interrogea là-dessus, ne put que lever les épaules en répondant qu'il n'en savait rien. Il fallait bien qu'elle parlât à Adolphe, qu'elle l'eût auprès d'elle : sans cela il lui semblait qu'elle allait être anéantie par cette catastrophe.

Elle se rendit en toute hâte au bureau de Körne : c'était son seul recours. Léon répondit qu'il n'avait pas aperçu Liebmann depuis la veille, mais qu'il le supposait chez le *Canotier*, un employé l'ayant vu traverser la rivière il y avait environ une heure. Tout en exprimant sa sympathie à Elise, il s'offrit pour aller chercher Adolphe et le ramener.

Il demanda donc une heure de congé et se rendit chez le *Canotier* où il trouva en effet Liebmann. Celui-ci venait d'avaler un plein verre ; on s'apercevait à son visage et à ses paroles qu'il avait déjà beaucoup bu.

Léon lui annonça l'arrivée de sa femme, qui l'attendait dans leur demeure pleine d'étrangers. Il fallut beaucoup de discours pour déterminer le malheureux à se lever : enfin ils partirent, après que Léon eut payé la consommation du jour. Adolphe n'avait pas d'autre dette dans cette auberge, dont le maître ne faisait pas crédit.

Körne suivit Liebmann, qui se dirigeait à pas chancelants vers le bac, l'aida à entrer dans le bateau et à en sortir, et lui donna le bras jusqu'à la maison, de sorte que l'attention ne fût pas attirée sur l'état d'ivresse d'Adolphe.

On ne peut guère décrire ce qui se passa dans le cœur d'Elise ce jour-là et ceux qui suivirent. Les objets peu nombreux qui lui appartenaient en propre furent expédiés à la gare ; les autres meubles, les provisions, le linge, les vêtements, étaient disséminés dans la ville. Le sanctuaire domestique était profané et ouvert à tous les regards.

Les moindres objets furent examinés par des yeux indifférents et égoïstes ; des plaisanteries déplacées se firent même entendre : tant d'hommes ont si peu de compassion ! Pour les assistants, ces meubles ne rappelaient absolument rien, mais pour Elise c'étaient des compagnons de sa vie, auxquels se liaient tous ses souvenirs : elle perdait avec eux une partie de son existence.

Quelques jours après, cette demeure dans laquelle Elise avait travaillé, joui et souffert pendant bien des années, n'offrait plus que des murailles dénudées.

Léon Körne avait loué une autre demeure ; il fallait maintenant qu'il s'y habituât et qu'il y recommençât, pour ainsi dire, une nouvelle existence.

LIII

Adolphe était établi dans cette station lointaine qu'on lui avait assignée. Le chef de gare avait été invité à avoir toujours l'œil sur lui ; en outre, l'arrêté qui avait communiqué à Adolphe sa punition le menaçait sévèrement d'un renvoi définitif s'il continuait à faire des dettes. De plus, on lui retenait chaque mois un cinquième de sa paye pour couvrir les dettes anciennes.

Le seul changement notable dans son travail consistait en ce qu'il n'était plus chef de train. Il avait un jour de repos sur huit, mais il fallait l'acheter chaque fois par un service continu de vingt-et-une heures, depuis sept heures du matin jusqu'à quatre heures le lendemain.

Körne n'avait rien reçu des vingt-deux thalers qu'Adolphe lui devait. Il aurait pu faire valoir ses droits auprès du tribunal, comme les autres créanciers ; mais la pitié qu'il éprouvait pour l'infortune si peu méritée d'Elise, lui avaient rendu une pareille démarche impossible.

Il préférait attendre, dût-il même perdre ce qu'il avait économisé avec tant de peine, plutôt que d'arracher de nouvelles larmes à l'épouse de Liebmann.

Les traits de celle-ci avaient bien changé ; ses yeux enfoncés révélaient des nuits sans sommeil, ses joues étaient décolorées ; tout son visage annonçait la maladie.

Quelques semaines plus tard, Léon écrivit à Liebmann qu'il n'avait porté aucune plainte au sujet des vingt-deux thalers et qu'il attendrait des temps meilleurs, mais il priait Adolphe de ne pas perdre la chose de vue.

Elise ayant reconnu l'écriture de Körne, pria son mari de lui laisser lire cette lettre. Après quelque hésitation, Adolphe la lui jeta sur la table. Ce fut avec consternation qu'Elise apprit ce que l'on devait à Léon, mais elle éprouva une profonde reconnaissance pour sa délicatesse.

Les temps étaient durs. Le médecin interdisait à Elise tout travail trop fatigant : elle avait assez, disait-il, à conduire son ménage. Elle ne put donc songer à rouvrir une école de couture, mais il fallait réaliser quelques gains par des travaux à l'aiguille, car son mari devait avoir un peu d'argent de poche et elle voyait déjà avec angoisse la somme consacrée à cet usage augmenter trop lentement de mois en mois.

Depuis des années, tout le bonheur d'Adolphe avait consisté dans la boisson et le jeu, et maintenant qu'il ne pouvait s'en accorder autant qu'il aurait voulu, il était toujours de mauvaise humeur et c'était Elise qui en supportait les conséquences.

LIV

Körne était habitué à sa nouvelle demeure lorsque le printemps arriva. Il devait subir à Pâques l'examen pour lequel il travaillait depuis plusieurs années avec une ardeur qui ne s'était jamais démentie. Il comptait, après avoir subi les épreuves, garder encore son emploi pendant l'été et commencer en automne des études universitaires.

C'était en vue de ces études qu'il avait beaucoup économisé. Mais, quelques privations qu'il se fût imposées, ses épargnes n'auraient pas suffi sans le gain que lui procuraient quelques leçons particulières.

Aussi s'était-il proposé dans cette dernière

année de renoncer même au théâtre et il avait assez d'énergie pour tenir cette résolution.

Depuis le départ des Liebmann, il n'avait jamais revu celle qui remplissait tout son cœur. Un jour, faisant hors de ville sa promenade habituelle, il vit venir à lui un homme de grande taille accompagné d'un monsieur plus âgé, dans lequel Léon reconnut le directeur des postes Brause.

Etait-ce donc son fils qui cheminait à côté de lui ? Serait-il ici ? Il le regarde avec attention et s'assure que c'est bien Edmond Brause, dont il avait pris congé autrefois sur la glace de l'étang.

Celui-ci avait aussi reconnu Léon qu'il présenta à son père, dès qu'on se fut abordé.

— Je sais, dit le directeur après quelques paroles indifférentes, que vous allez passer dans trois semaines votre examen, et je vous souhaite de tout mon cœur un bon succès, car vous le méritez bien par votre persévérance. M. Brause affirma ensuite à son fils que ce jeune homme lui avait fait la meilleure impression, et qu'il ne s'était jamais trompé sur le compte de ceux qui lui avaient semblé aussi sympathiques au premier abord.

Le jour de l'examen arriva, et, dès le matin, Léon sollicita avec ferveur l'assistance d'En Haut. Quinze jours après les épreuves écrites, ce fut le tour des épreuves orales. Après avoir répondu à la dernière question, il éprouva un sentiment impossible à décrire, se voyant déjà récompensé de ses longs et pénibles travaux. Les examinateurs s'approchèrent de lui et lui adressèrent quelques félicitations ; il croyait rêver.

Deux semaines plus tard, Léon reçut une lettre munie d'un grand cachet, qu'il ouvrit avec un léger tremblement ; ses yeux se portèrent tout de suite à deux endroits : *très bien* était l'appréciation de l'examen oral ; *excellent*, celle de l'examen écrit.

Le directeur sous les ordres duquel était Léon, le complimenta cordialement : il espérait que Körne pourrait être encore plus utile à l'Etat dans une autre sphère.

Peu après, le jeune Brause, qui avait maintenant un poste dans la ville, vint inviter Léon à une soirée de la part de son père.

A neuf heures, notre jeune homme entrait chez le directeur Brause, dans un état d'excitation presque fiévreux. Le maître de la maison le reçut avec une grande cordialité, et Mme Brause lia avec lui une conversation si intéressante sur les beaux-arts et l'esthétique que Léon s'y absorba, sans faire aucune attention à ce qui l'entourait. Tout à coup il revint à lui ; où était donc Mlle Brause ? Il s'informa d'elle avec une apparente indifférence et apprit qu'elle allait venir. Au bout de quelques minutes, en effet, Amanda entra, vêtue d'une robe blanche et ayant pour toute parure un bouton de rose

blanche, à demi ouvert au milieu de sa belle chevelure foncée. La jeune fille parcourut la salle
des yeux et se dirigea vers sa mère d'un pas rapide. Léon se leva pour la saluer et il lui adressa
quelques paroles ; mais bientôt Amanda fut tellement entourée par les jeunes gens qu'il n'eut
pas l'occasion d'avoir avec elle un véritable entretien.

Il était tard quand il rentra dans sa chambre et
il ne put trouver le sommeil de toute la nuit. Il
avait appris chez les Brause que l'on projetait
une excursion prochaine à une ruine éloignée de
quelques lieues. On l'avait invité avec bienveillance,
et ce n'était pas sans un battement de cœur qu'il
avait accepté.

L'impression produite par Amanda sur Léon
n'avait pas échappé aux yeux clairvoyants de
Mme Brause, qui avait aussi aperçu une rougeur
subite sur le visage de sa fille.

Le jeune homme ne faisait qu'espérer, mais
parfois il éprouvait quelque angoisse. Quiconque
voyait Amanda, pensait-il, devait se sentir attiré
vers elle. Aussi trouvait-il inexplicable que d'autres
jeunes gens pussent causer gaiment et librement
avec elle, et la quitter ensuite sans ressentir une
grande tristesse. A partir de ce jour, Amanda aussi
cherchait la solitude, jouait sur le piano des airs
mélancoliques et quand par hasard on prononçait
devant elle le nom de Léon Körne, elle prenait un

accès de toux qui l'obligeait à cacher son visage dans un mouchoir ou à s'éloigner pour un instant.

Qu'adviendrait-il de tout cela ? Amanda éprouvait une certaine honte et s'irritait de sa propre folie : il était inconvenant, pensait-elle, de se préoccuper autant d'un jeune homme. Mais le cœur est une chose étrange : le sien ne pouvait s'empêcher de battre plus vite dès qu'elle avait quelque espérance de revoir Léon.

LV

Pendant les semaines qui suivirent, Léon Körne et Edmond Brause se lièrent de plus en plus. Ils avaient déjà éprouvé quelque sympathie mutuelle et, comme Edmond était maintenant établi dans la ville, leurs relations se changèrent bientôt en amitié intime.

De plus, Edmond avoua à son ami qu'il avait commencé un travail sur la question des chemins de fer. Körne, fort surpris de cette découverte, avoua aussi que, depuis deux ans, il s'occupait de composer un mémoire réclamant des réformes importantes dans ce domaine. Ils s'entretinrent spécialement de l'état si fâcheux où en sont les choses, quant au manque de repos du personnel, et il se trouva que, non seulement ils avaient fait tous deux les mêmes remarques, mais qu'ils avaient les mêmes opinions sur les changements à introduire. Ils réunirent donc leurs forces pour mettre au jour un travail qui fût réellement utile à la classe si nombreuse des employés de chemins de fer.

Chacun travaillait seul, recueillant de son côté toutes sortes de renseignements. Ils devaient ensuite s'occuper ensemble de classer ces matériaux, leur donner la dernière main et en tirer les conclusions (*). Ainsi nos deux jeunes gens se trouvaient souvent réunis : ils goûtaient dans cette

(*) Il n'est pas superflu de mettre sous les yeux du lecteur des conclusions analogues qui ont été votées, à l'unanimité, dans les Congrès dominicaux, où a été débattue la grave question du manque de repos du personnel des chemins de fer. Ceux qui compatissent à de telles misères n'apprendront pas sans intérêt quelques-uns des remèdes qui ont été proposés pour combattre ce mal.

On lit dans les « Actes du Congrès international pour l'obsertion du Dimanche », réuni à Berne, en septembre 1879 :

« Le Congrès, etc.

« Douloureusement ému de la situation d'un très grand nombre d'employés des chemins de fer et des autres services publics, quant au repos du Dimanche ;

« Préoccupé des accidents qu'occasionne la surexcitation du travail continu ;

« Considérant que c'est un devoir pour l'Etat de faciliter à tous les citoyens le repos dominical auquel ils ont droit ;

« Considérant qu'il est de l'intérêt matériel et moral des Compagnies d'assurer à leur personnel un repos prévu par les lois divines et humaines ;

« Considérant que l'observation du Dimanche est une question d'intérêt général et de sécurité publique ;

communauté d'intérêts les joies les plus pures et y puisaient de nouvelles forces pour leur travail.

— Je crois, dit un jour Edmond en souriant, que nous sommes encore bien jeunes pour nous produire ainsi devant le public. Ne crains-tu pas qu'on nous fasse cette objection?

— Je ne le pense pas, dit Léon; sans doute le vaste domaine de la vie et les replis du cœur humain ne nous sont pas encore bien connus; mais pour les choses auxquelles nous avons déjà consacré notre activité, nous avons bien une certaine

« Considérant que, parmi les réformes à introduire dans l'organisation des Compagnies de chemins de fer, en vue d'un repos plus général le Dimanche, il en est que la pratique a déjà sanctionnées, d'autres dont l'utilité bien constatée n'a pas trouvé encore une formule satisfaisante d'application, d'autres enfin qui doivent être l'objet d'études plus complètes;

« Emet les vœux suivants relatifs à l'observation du Dimanche:

« 1° Les gares de marchandises de grande vitesse seront ouvertes jusqu'à 9 heures du matin seulement, de façon à satisfaire les justes exigences du commerce, mais sans livraison des marchandises à domicile:

« 2° Les gares de marchandises de petite vitesse seront complétement fermées, sauf à modifier certaines conditions de délai, et à pourvoir aux besoins de chaque localité par des modifications le samedi soir et le lundi matin dans les heures habituelles d'ouverture et de fermeture des gares.

« 3° Les travaux de construction seront complétement suspendus et les travaux d'entretien de toute nature limités aux cas d'urgence.

« 4° La question des trains de voyageurs, malgré les difficultés qu'elle soulève, ne sera pas perdue de vue, surtout en ce que concerne les trains de plaisir, les billets à prix réduits le expérience et notre travail ne sera pas tout à fait sans fruit.

Les deux amis se réunissaient tantôt chez l'un tantôt chez l'autre, de sorte que, plusieurs fois dans la semaine, Léon avait l'occasion de rencontrer Amanda. Elle lui parut avoir, vis-à-vis de lui, quelque chose de contraint, et il se demanda s'il l'avait offensée sans le vouloir.

Dimanche, et l'émission de billets d'aller et retour valables du samedi au lundi. »

Parmi les résolutions adoptées par la Conférence internationale pour l'observation du Dimanche, tenue à Bruxelles, en octobre 1885, se trouvent encore les suivantes :

« 1° Réduction au plus strict nécessaire et, si possible, suppression du service des trains de marchandises le Dimanche.

« 2° Augmentation du nombre des agents de réserve pour faire les remplacements.

« 3° Ces réformes ont pour but de faire accorder d'une manière générale à tout agent, employé ou ouvrier des administrations de chemins de fer et de tramways 52 jours de repos par an, dont la moitié tomberaient, autant que possible, sur le Dimanche. En cas d'impossibilité, accorder au moins un Dimanche de repos complet sur 15 jours de travail. Les journaliers ou hommes d'équipe devraient aussi être mis au bénéfice de cette même faveur, sans préjudice pour leur salaire. »

Il est à regretter que les administrations de chemins de fer n'aient tenu, jusqu'à présent, à peu près aucun compte de la plupart de ces vœux, bien que l'état des choses auquel il s'agit de remédier s'aggrave de jour en jour.

Et le public qui envahit le Dimanche les trains de chemin de fer, les bateaux à vapeur, les voitures publiques, les tramways, pour courir à ses fêtes et à ses plaisirs, n'a-t-il pas, lui aussi, une grande part de responsabilité dans ce travail continu, qui est imposé à des milliers d'individus aux dépens de leur santé, de leur vie de famille et de leur état moral et religieux?

LVI

Le jour fixé pour l'excursion approchait. C'était un dimanche de juillet; l'air était parfaitement calme et le soleil dans toute sa splendeur. On devait partir à dix heures et demie et arriver aux ruines à une heure et demie, en suivant une route presque partout ombragée.

Personne ne manqua au rendez-vous, les dames elles-mêmes ayant montré une exactitude tout à fait militaire. Léon se joignit tout naturellement à la famille Brause et, comme Edmond offrait le bras à une jeune dame de sa connaissance, Léon fit de même à l'égard d'Amanda, qui accepta avec hésitation et les yeux baissés. Leur conversation fut d'abord peu nourrie, mais, lorsqu'on eut dépassé les dernières maisons de la ville et qu'on se fut approché de la forêt, le charme de la nature commença à agir et il y eut plus d'abandon dans leur entretien. Léon et Amanda trouvaient tous deux qu'il n'y avait rien de comparable à une promenade dans la forêt par un si beau temps. Les souffrances corporelles et morales devaient en être soulagées, les soucis devaient disparaître et la mélancolie prendre fin sous ces frais ombrages.

On était en effet entré sous les voûtes formées

par l'épais feuillage de grands chênes ; quelqu'un de la compagnie entonna alors un chant auquel nos deux jeunes gens se joignirent de grand cœur.

Léon s'était enhardi jusqu'à porter le châle et le petit sac d'Amanda. Bientôt, à un détour du chemin, on aperçut à la hauteur, à peu de distance, les belles ruines du château.

La vue du but donna du courage aux promeneurs et, bien qu'ils eussent emporté de quoi se rafraîchir, on résolut de ne faire aucune halte jusqu'au sommet.

Léon était plongé dans une conversation sérieuse avec Amanda qui lui racontait son séjour de plusieurs années à Genève. Elle ne connaissait rien de plus pittoresque et de plus attrayant que cette ville située sur les bords du bleu Léman, non loin des dômes majestueux des grandes Alpes. Elle déplorait qu'on négligeât dans l'éducation des femmes bien des choses essentielles, et qu'on attachât tant de prix à celles qui ont seulement pour but d'orner et d'embellir la vie.

— Toute créature humaine, ajouta-t-elle, a des devoirs à remplir, et je crois que la première tâche de l'école serait de préparer à ces devoirs. Mais dans la pratique les choses ne se passent pas ainsi. Vous croyez peut-être qu'en revenant à la maison je connaissais tous les travaux à l'aiguille et que je pouvais confectionner une robe moi-même. Il n'en était rien ; j'avais encore besoin d'aide, et je suis bien reconnaissante envers Mme Liebmann, qui est une excellente maîtresse dans ces travaux et qui porte un si grand intérêt à toutes ses élèves. Mais que le sort de cette famille a été déplorable ! On a mis beaucoup de torts sur le compte du mari, mais mon père croit qu'il faut surtout accuser la vie irrégulière à laquelle il était astreint et la rareté de ses dimanches libres.

Léon ne pouvait que partager cette manière de voir et il était agréablement surpris qu'Amanda eût les mêmes pensées que lui sur ce sujet.

— Hourra ! hourra ! cria alors le couple qui précédait nos deux causeurs. On atteignait la ruine, et, par un passage voûté, pratiqué dans d'énormes murs, on pouvait pénétrer dans une cour où poussait en abondance la végétation la plus variée.

Après avoir traversé la cour, on arrivait par une autre porte ruinée à un endroit d'où l'on apercevait toute la vallée, spectacle qui arracha un cri d'admiration aux quatre personnes qui venaient d'arriver les premières. La ville se montrait au loin, étendant ses faubourgs comme les bras d'un polype ; la rivière dessinait un ruban argenté au milieu des prairies ; le soleil se montrait dans toute sa gloire et semblait se réjouir aussi de l'aspect de la nature. On n'apercevait pas le moindre nuage et la paix du dimanche régnait au loin dans les champs. Un air agréable et vivifiant venait de la forêt, et le soleil tempérait quelque peu la fraîcheur produite par les arbres voisins.

Bientôt toute la société fut réunie et l'on commença à déballer les provisions. Edmond Brause pria Léon de participer au repas de la famille; il n'y avait que des mets froids, mais, dans un tel endroit, ils parurent plus excellents que le meilleur dîner de table d'hôte. L'on but à la santé des dames, à la magnificence du spectacle et au renouvellement d'une promenade semblable.

Deux heures furent ainsi employées au repas et à de gaies conversations. Une petite sieste suivit, et une légère brise qui se leva bientôt, vint rafraîchir les tempes et les joues de ceux qui étaient étendus sur la mousse, aussi le repos ne dura pas longtemps. Les uns se réveillèrent d'eux-mêmes, les autres furent tirés de leur sommeil, et l'on se prépara à visiter en détail le château.

Une tour ronde à l'occident devait offrir un panorama bien plus étendu encore que celui que l'on venait d'admirer. Les jeunes gens furent d'avis d'y monter, et l'on se mit à gravir lentement les marches délabrées de l'intérieur. Après quelques minutes d'ascension pénible, cinq des plus hardis arrivés sur la plate-forme crièrent à ceux qui étaient en bas que la vue, certainement fort belle, était achetée bien cher, aussi les dames et les messieurs les plus âgés renoncèrent-ils à ce plaisir.

Lorsque tous furent heureusement redescendus, on continua l'investigation des ruines. Il y avait des murs de quinze pieds d'épaisseur, et Léon se représenta aussitôt le temps où ces lieux déserts étaient habités. Sept siècles au moins s'étaient écoulés depuis lors, et que de changements dans cet intervalle !

Dans la cour se trouvait une ouverture carrée, fermée par une planche. On la souleva sans peine et l'on descendit, non sans frissonner, un escalier rapide conduisant à la chambre des tortures : c'était un vrai tombeau, et de pesants anneaux de fer, scellés dans le mur montraient bien à quoi avait servi cette lugubre cachette. Dans un angle, on découvrait même une vierge de fer, qui, lorsqu'on poussait un bouton, entr'ouvrait ses bras garnis de pointes pour saisir et déchirer un malheureux.

L'air pur du dehors fit une impression doublement bienfaisante lorsqu'on sortit de cette affreuse retraite.

Il restait à explorer les passages secrets qui, du château, passaient sous la montagne. Amanda, questionnée par Léon, assura qu'elle aurait beaucoup de plaisir à visiter ces souterrains, au moins l'un d'entre eux, si d'autres dames voulaient y venir aussi. C'est ce qui eut lieu. On avait encore du temps pour cette expédition, et le ciel sans nuages promettait que la nuit ne viendrait pas trop vite. Les messieurs prirent les petites bou-

gies dont on s'était muni et, par une ouverture
située dans la cour du château, au pied de l'escalier de pierre, on s'enfonça dans le souterrain.

L'obscurité était de plus en plus complète, et
l'on suivit lentement un chemin qui avait la hauteur et la largeur d'un homme, de sorte que les
dames devaient serrer leurs vêtements pour ne
pas frôler les murs. On parvint dans une sorte de
chambre d'où partaient quatre chemins. Quelques
promeneurs se proposèrent de les essayer et Léon
qui accompagnait Amanda, lui demanda si elle
était disposée à aller plus loin. La jeune fille trouvant un grand charme à ce voyage de découvertes,
ils s'avancèrent dans le passage qui formait la
continuation directe de celui par lequel on était
venu. Les parents d'Amanda les suivaient, mais,
trouvant bientôt le passage trop étroit, ils rebroussèrent chemin, criant à leur fille et à son compagnon de faire de même ; ceux-ci, qui venaient de
franchir un tournant, n'entendirent point cet
appel et crurent que les parents venaient à leur
suite.

Au bout d'un certain temps, ils atteignirent un
endroit élargi : Léon aperçut quelque chose de
blanc ; il en approcha sa lumière et reconnut en
frissonnant un squelette humain !

— Ne vous effrayez pas, mademoiselle, murmura-t-il à sa compagne, c'est quelque chose de
désagréable à voir, c'est un squelette.

Quoique Amanda ne fût pas trop nerveuse, elle éprouva une sueur froide et, toute tremblante, s'attacha plus fortement au bras de Léon.

— Nous sommes ici devant un mystère, dit le jeune homme après une pause ; ce corps est-il parvenu ici déjà mort, ou y est-il arrivé vivant, comme sa position semble l'indiquer ? Mais nous n'avons rien de mieux à faire que de rebrousser chemin ; je suis étonné que vos parents ne soient pas encore ici ; peut-être n'ont-ils pas voulu venir aussi loin.

Ils regardèrent autour d'eux pour retrouver leur sentier, mais, ô terreur ! dans cet espace circulaire se présentaient six ouvertures et il était impossible de distinguer celle par où l'on était venu. La plus grande angoisse saisit le cœur de Léon. Il se mit à appeler le père d'Amanda de toutes ses forces, mais rien ne répondit que l'écho. Le jeune homme prolongea pendant dix minutes ses essais et un silence mortel ne cessa de les entourer.

— Courage ! dit-il enfin à sa compagne. Prenons un de ces chemins au hasard et voyons où il nous mènera ; il aura bien une issue. Il entraîna donc Amanda dans une de ces sombres allées ; les parois leur renvoyaient le bruit de leurs pas et de temps à autre ils entendaient le léger bruissement de filets d'eau coulant au travers des roches.

Ils marchèrent bien longtemps, voyant toujours diminuer l'espoir d'atteindre bientôt le plein air.

Enfin voici un élargissement, une place circulaire et, tout près d'eux, quelque chose de blanc. Qu'est-ce-donc? Léon frémit et s'efforce de dérober à Amanda ce qui s'offre à ses yeux, car c'est un squelette. Il compte les ouvertures : il y en a six. Ils sont donc revenus par un circuit dans la même caverne.

Au moins Léon n'oublierait pas cette fois par quelle avenue il y est arrivé, le squelette formait un point de repère pour s'orienter. Qui sait si le malheureux dont les ossements se trouvent ici n'est pas revenu avec angoisse toujours à ce même endroit?

Mais quelle était l'ouverture par où ils étaient sortis précédemment? Léon ne se le rappelle pas : il n'y avait pas fait assez d'attention. Ses réflexions ne durèrent que quelques secondes et, s'efforçant de paraître tranquille, il dit à Amanda qui ne se doutait encore de rien : Nous ne sommes pas bien avancés ; car nous voici revenus à l'endroit du squelette. Tout en parlant ainsi, il pensait à sa bougie, qui ne tarderait pas à être consumée.

— Nous trouverons bien, répondit la jeune fille, le passage par où nous sommes arrivés la première fois. Il nous faut essayer chaque chemin et nous rappeler autant que possible les détours que nous avons faits. Ils se mirent tout de suite à l'œuvre, mais aucun des deux ne se rappelait au juste quel mouvement ils avaient pu faire, à droite ou à gauche, avant d'apercevoir le squelette. Ils firent une centaine de pas dans chacun de ces corridors, essayant de reconnaître à quelque marque celui qui était bon ; mais aucun indice sérieux ne s'offrit à leurs yeux pour leur faire distinguer la vraie route. Aussi, dans le sixième souterrain, Léon décida qu'il fallait en tout cas aller de l'avant. L'éclat de la lumière s'affaiblissait de plus en plus ; bientôt elle s'éteignit et une profonde obscurité les enveloppa.

Ils continuèrent à marcher, marcher toujours, pendant un temps assez long qu'ils ne pouvaient plus mesurer ; peut-être pendant des heures. Leur inquiétude était grande, leur anxiété allait croissant de moment en moment. Enfin, un courant d'air froid sembla les atteindre, ce n'était plus l'humidité renfermée du souterrain. Amanda avait peine à se tenir encore debout.

— Courage, lui dit son compagnon ; je sens un air de plus en plus pur, sans doute notre délivrance approche.

Au bout de quelques minutes le souterrain s'élargit, puis se rétrécit de nouveau, ne donnant passage qu'à une personne. La hauteur diminue aussi, et Léon doit se courber en avant.

— Courage, répète-t-il, nous arrivons à une issue. Il ne faut pas se laisser effrayer par les difficultés du chemin.

La confiance se communique à Amanda, qui

semble reprendre des forces et ne cesse de suivre son guide, ne trouvant pas même qu'il aille assez vite.

Tout à coup Léon est arrêté: il se trouve dans un buisson d'épines. Son cœur bat avec force: serait-ce la sortie? Enfonçant son chapeau sur sa figure, il crie à Amanda d'attendre un moment, boutonne son habit de manière à se préserver le mieux possible et pénètre dans le fourré. Les rameaux craquent de toutes parts; n'importe, il avance. Encore quelques pas, et d'innombrables points lumineux apparaissent: ce sont les étoiles. Il les voit scintiller et passe sa main sur ses yeux pour s'assurer qu'il n'est pas le jouet d'une illusion. Non, il se trouve bien en plein air et les astres resplendissent au-dessus de sa tête. Joignant les mains, il regarde le ciel avec reconnaissance, puis il se hâte de retourner vers Amanda qui l'attendait avec angoisse.

— Nous sommes sauvés! lui cria-t-il; nous vivons. Suivez-moi.

Il la précéda en la protégeant aussi bien qu'il le put contre les branches qui venaient leur fouetter le visage. Au bout de cinq minutes, les deux jeunes gens étaient assis sur la mousse qui formait un beau tapis à l'issue du fourré.

— Nous sommes sauvés! ne cessait de répéter Léon; le Tout-Puissant nous a conservé la vie, soyons-lui en profondément reconnaissants, et puisse-t-il nous accorder encore d'autres joies sur cette terre. Amanda lui serra la main pour toute réponse.

Toutefois ils ne se reposèrent pas longtemps ; il fallait reconnaître où ils se trouvaient, ils n'apercevaient plus le château. Ils avaient débouché, semblait-il, sur le penchant d'une colline. Tout à coup, le cri aigu d'une locomotive se fait entendre et le train passe à toute vapeur à quelques centaines de pas de nos deux voyageurs. Bientôt, trois nouveaux coups de sifflet retentissent, et le convoi s'arrête. Mais quelle station est-ce donc ? Dans quelle contrée se trouvent-ils ?

Ils avancèrent pendant quelques minutes et atteignirent bientôt une grande route ; puis des maisons se montrèrent à droite et à gauche ; c'était un village, et les forces de nos deux jeunes gens redoublèrent. Léon distingua la gare à l'éclat de ses lumières et se dirigea de ce côté. Arrivé devant le bâtiment, il lut avec peine le nom de la station. C'était la troisième à partir de la ville ; ils étaient donc à une lieue à peu près des ruines ; quel chemin n'avaient-ils pas fait sous terre !

Heureusement que cette station avait un service de nuit et que le train express arrivant en ville à une heure et demie s'y arrêtait.

Léon et Amanda se rendirent dans la salle d'attente ; la jeune fille prit place sur le sopha et céda bientôt à un demi-sommeil. Léon la réveilla au passage du train, et une demi-heure après, ils atteignaient leur destination. Ils parcoururent en silence les rues désertes et à demi éclairées de la ville, tous deux remplis de gratitude envers leur Père céleste, qui les avait tirés, en quelque sorte, du tombeau.

Léon accompagna Amanda jusqu'à sa demeure, où une lumière se voyait encore: Il tira la sonnette et une figure de femme apparut aussitôt à la fenêtre.

Madame Brause, nous voici, votre fille et Körne, en bonne santé.

La mère disparut et l'on entendit des pas rapides sur l'escalier ; puis la porte de la maison fut ouverte avec impétuosité :

— Amanda, te voilà enfin !

Et elle entourait de ses bras la jeune fille tout en larmes, sans faire attention à l'étranger qui était là. Léon, se trouvant maintenant de trop, s'esquiva dans l'obscurité.

Le père était aussi resté debout. Ils questionnèrent Amanda et prirent le plus grand intérêt à son récit. Lorsque la jeune fille put aller enfin se coucher, l'aurore s'annonçait déjà. Ce fut avec les yeux humides et un cœur profondément ému qu'elle rendit grâce à Dieu pour cette délivrance extraordinaire.

Quant à Léon, il n'avait pas fermé les yeux lorsque, à cinq heures, le soleil apparut dans toute sa majesté. Il s'endormit alors et ne fut réveillé qu'à sept heures et demie par son hôtesse. Tout ce qui était arrivé lui parut d'abord un rêve, mais les blessures que lui avaient causées les épines le rappelèrent bientôt à la réalité.

A midi, il alla voir M. et Mme Brause et leur offrit ses excuses pour les heures d'anxiété qu'ils avaient dû passer à cause de lui. Toutefois, les parents d'Amanda le reçurent plutôt comme un ami précieux et un sauveur que comme un coupable.

Lorsqu'ils avaient rebroussé chemin en appelant leur fille, ils avaient cru entendre une réponse, mais ce n'était sans doute que l'écho de leurs voix. Bientôt la société fut de nouveau réunie dans la cour du château ; Léon et Amanda seuls manquaient, et deux jeunes hommes se mirent à leur recherche. Sans cesser d'appeler, ils atteignirent la place où le chemin s'élargissait. A partir de là il y avait trois passages et l'on ne savait lequel avait été suivi par les deux égarés. Les jeunes gens s'avancèrent quelque peu dans chaque direction, répétant toujours leurs cris, mais en vain. Ils revinrent fort découragés annoncer leur insuccès.

— Mais, dit quelqu'un, je sais qu'il y a plusieurs issues au souterrain ; il est probable que Mlle Brause et M. Körne sont revenus par un autre endroit à la lumière du jour.

On attendit jusqu'au coucher du soleil, puis l'on

dut partir. Le père, très soucieux lui-même, chercha à tranquilliser sa femme en lui affirmant que,
bien souvent, des curieux avaient pénétré fort loin
dans ces sombres passages sans qu'il fût arrivé
d'accident. Mais l'angoisse de la mère ne faisait
qu'augmenter à chaque pas. On comprend donc
ce que fut le revoir après les longues heures d'attente qu'il fallut encore subir à la maison.

Le lendemain, Amanda, en se coiffant, découvrit
quelques cheveux blancs au milieu de ses boucles.
Les émotions de la veille avaient agi même sur son
corps.

Lorsque Léon fit sa visite, Amanda avait l'air
embarrassé et semblait chercher une occupation.
Comme il était cependant convenable qu'elle adres-
sât quelques mots au jeune homme, elle le fit sans
oser le regarder bien en face, comme si elle craignait qu'on ne lût un secret dans ses yeux.

Edmond, qui était pour Léon un ami intime et
véritable, avait appris de lui le matin même quels
étaient ses sentiments pour Amanda, et avait éprouvé
une grande joie en recevant cette communication.

— Je dois t'avouer, dit Edmond, que, lorsqu'un
jeune homme avait avec ma sœur un entretien
animé et un peu long, j'éprouvais une sorte de ja-
lousie. J'apprécie tellement Amanda que je n'esti-
mais aucun de ces jeunes gens digne d'elle. Mais
lorsque je t'ai vu causer avec elle, il m'a semblé
qu'il y avait entre vous une inclination réciproque,

et je m'en suis vivement réjoui. Tu seras heureux avec Amanda, et tu le mérites, car tu la rendras heureuse à ton tour.

Pendant une semaine, Léon vint journellement dans la maison Brause, ce qui n'étonna personne, vu ses relations avec Edmond ; mais celui-ci avait toujours la délicatesse de le laisser quelques instants seul avec Amanda.

Le dimanche étant venu, Léon, assuré maintenant qu'il était payé de retour, voulut présenter sa demande aux parents. Il avait été invité par Mme Brause au café de l'après-midi, et la jeune fille, qui baissa les yeux à son arrivée, lui parut plus charmante que jamais. Malheureusement, il y avait des visites et Léon ne put exécuter son dessein. Vers cinq heures, Edmond proposa à la jeunesse de faire une promenade. Quatre jeunes filles partirent donc joyeusement avec Edmond, Léon Körne et deux autres cavaliers. On se dirigea vers le joli petit bois aux clairières semées de gazon, et on l'atteignit au bout de vingt minutes. La joyeuse troupe se mit alors à faire différents jeux animés, et la journée s'acheva au contentement général.

Le soir, Léon, rentré chez lui, prit son violon et joua un air mélancolique, car il était à la fois heureux et inquiet : c'était d'ailleurs une de ses mélodies favorites ; il avait souvent entendu Amanda la chanter en s'accompagnant sur le piano.

Le lundi matin, Léon fit quelque toilette, et se présenta chez M. Brause. Celui-ci le reçut cordialement et se douta de l'émotion qui agitait intérieurement le jeune homme, il lui offrit une chaise en s'informant de ce qu'il désirait. Léon s'efforçait de faire contenance et de paraître calme, mais ses yeux semblaient humides et ses genoux tremblaient. A peine eut-il prononcé quelques mots que M. Brause exprima le désir d'aller chercher sa femme. Etant bientôt rentré avec elle, il lui communiqua la demande de Léon. Le visage de la mère prit alors une expression qui montrait bien que cette demande était conforme à ses vœux.

Léon parla un quart d'heure, en s'animant de plus en plus.

— Sa position actuellement incertaine, dit-il, faisait sans doute paraître sa prétention bien téméraire, mais il attendrait patiemment d'avoir atteint le but qu'il se proposait.

— Ne vous faites pas de souci là-dessus, répondit M. Brause : je suis persuadé que vous arriverez à une position qui non seulement vous satisfera personnellement, mais mettra votre ménage à l'abri de toute inquiétude pour l'existence. Puisque vous devez vous rendre à l'université, Amanda restera fiancée longtemps, mais ce n'est pas un mal. Je connaissais ma femme depuis huit ans, lorsque nous avons célébré nos fiançailles définitives. Ce temps d'attente sert à vérifier la sincérité de l'affection mutuelle.

Mme Brause affirma de son côté à Léon Körne qu'elle ne donnerait sa fille à aucun autre avec autant de sécurité qu'à lui : elle l'aimait déjà comme un second fils.

Le jeune homme sortit, trop ému pour répondre, et alla trouver Edmond dans sa chambre de travail. Ce dernier ne fut pas moins réjoui de ce qui s'était passé ; sa voix tremblait lorsqu'il dit à son ami : — Sois heureux avec Amanda, et que Dieu vous bénisse de toutes manières ; ma chère sœur nous quittera, mais c'est le cours naturel des choses.

Quant à la jeune fille, son cœur débordait d'entrain et de joie, et ses rêves la transportaient bien loin des tristes réalités de la vie.

LVII

Trois mois après, Léon quittait sa place et partait pour l'université où il voulait compléter les études qu'il avait commencées.

La veille de son départ, il y eut dans la famille Brause une petite fête en l'honneur du fiancé ; les proches parents et les amis les plus intimes y prirent part. Après le repas de midi, on se livra à la conversation, puis vint le café, et ensuite on mit en train divers amusements. Le temps était humide et froid, on était aux premiers jours de novembre, et l'on jouissait déjà de la chaleur bienfaisante du grand poêle.

Léon et Amanda se livraient à la distraction pour un moment, puis reprenaient une apparence mélancolique. Ils commençaient cependant à se laisser entraîner à la joie qui régnait dans ce petit cercle, lorsque Léon fut appelé : on le priait de sortir un instant. Il trouva dans le corridor une femme qui l'attendait ; c'était Mme Liebmann, son ancienne hôtesse. Mais quel changement dans sa figure ! De profondes rides sillonnaient son front ; elle était plus pâle que jamais, et ses yeux enfoncés indiquaient bien les soucis, l'inquiétude et les nuits passées au travail.

— Vous ici, Madame! s'écria Léon plein de pitié.

— Ah ! que ne m'est-il pas arrivé ! répondit-elle en fondant en larmes.

Elle raconta que son mari s'était d'abord assez bien conduit dans sa nouvelle place ; mais les retenues qu'il avait à subir, produisant une différence trop sensible entre ses ressources actuelles et celles dont il avait disposé autrefois, il s'était de nouveau endetté avec une grande rapidité. Elise était tombée gravement malade, et avait dû prendre une servante. Les frais occasionnés par cette maladie avaient exigé qu'Elise vendît l'un après l'autre les meubles de quelque valeur sauvés du naufrage. Leur demeure avait pris une apparence de plus en plus misérable qui, au lieu de rappeler Adolphe à ses devoirs, n'avait fait qu'augmenter son goût pour la dissipation. Il s'était enivré toujours plus souvent, et une catastrophe épouvantable avait eu lieu.

— Figurez-vous, ajouta Elise, que Liebmann, accusé d'un vol, est en prison. Oh! je vous en prie, veuillez ne pas augmenter son malheur. Je sais que vous lui avez écrit il y a trois semaines une lettre d'avertissement, parce qu'il avait pris de l'argent dans votre coffre. Mais vous êtes si bon, et Dieu vous récompensera sans doute si vous voulez n'en rien dire, car cela aggraverait sa situation.

Léon, tout consterné, s'informa des détails de l'événement.

Liebmann, contrôleur sur un train express, s'était retiré dans le fourgon après avoir achevé la revue des billets. Il était seul avec le préposé aux bagages, occupé à leur classement. Vingt-quatre heures après l'arrivée du train à la station extrême vint la nouvelle qu'une somme importante avait été soustraite dans un coffre fermé à clef et enregistré comme bagage. Le préposé ayant été immédiatement arrêté, protesta de son innocence et, quand on lui demanda si quelqu'un s'était trouvé avec lui dans le fourgon, il ne put nommer que

Liebmann. Celui-ci devait en effet le jour même se procurer à tout prix une certaine somme pour s'acquitter d'une dette urgente. Il fut donc emprisonné comme prévenu de ce vol.

— Si les magistrats apprennent, continua Elise en pleurant, qu'il a pris de l'argent dans votre coffre, on jugera sans doute qu'il est coupable aussi dans ce cas. Mais quoique Adolphe soit bien léger, je ne le crois pas capable d'un crime.

Léon rassura Mme Liebmann en promettant de ne faire aucune mention de ce qui le concernait.

— Votre argent ne doit pas être perdu, dit-elle, après l'avoir remercié. Pardonnez-moi s'il ne vous a pas encore été rendu. Lorsque vous avez écrit pour la première fois, j'ai appris avec une grande surprise cette action d'Adolphe; puis est venue ma maladie, et avec la meilleure volonté, je n'aurais pu vous le rendre. Oh! si Dieu voulait me prendre à lui! Il n'y a plus que douleur et chagrin pour moi dans ce monde.

Elle promit à Léon de payer cette dette dès qu'elle le pourrait. Elle allait se mettre à l'ouvrage pour gagner son pain par son travail.

— Mon père, chef de gare à A., dit-elle, est mort depuis trois mois, victime du choléra qui a sévi dans cette ville, et ma mère n'a pour vivre qu'une petite pension ; mais je ne m'épargnerai pas, je travaillerai avec zèle et je n'aurai aucun repos que je ne vous aie payé.

Léon s'y opposa positivement; il voulait regarder sa dette comme acquittée, mais Mme Liebmann n'y consentit point, elle déclara qu'elle com-
mencerait ses payements dès qu'elle pourrait les
faire sans trop de privations.

Là-dessus, le jeune homme alla demander à
Mme Brause la permission d'introduire Elise dans
une chambre chauffée.

Dès que Mme Brause eut entendu le nom de l'ancienne maîtresse de sa fille, elle se hâta de sortir
pour la saluer cordialement et la presser d'entrer.
Cette affection fit du bien à la malheureuse. Pour
lui éviter de voir la gaie société réunie dans le salon, on la reçut dans la pièce où la famille se tenait
ordinairement. Amanda entra aussi, ne comprenant
rien à ce qui se passait ; elle poussa un cri de joie,
empreint de quelque accent de tristesse, en apercevant la pâle figure d'Elise Liebmann. Celle-ci
était profondément touchée de l'accueil qu'elle
trouvait dans cette maison. On la retint vingt-
quatre heures au sein de cette famille hospitalière,
mais elle ne consentit pas à rester plus longtemps,
voulant rejoindre sa mère, à qui elle avait annoncé sa prochaine arrivée.

Léon désirait de tout son cœur que les soupçons
dirigés contre Liebmann fussent déclarés sans
fondement ; il aurait voulu, comme Elise, croire
encore à son innocence. Mais, après tout ce qu'il
savait sur les dettes d'Adolphe, il ne lui paraissait

pas impossible que son ancien voisin fût descendu
de degré en degré jusqu'à cet abîme.

Quatre semaines plus tard, Léon était à l'université et se livrait à l'étude avec ardeur. Le temps
était pour lui de l'argent, car il avait renoncé volontairement à une place payée, et devait s'entretenir péniblement au moyen de ses petites économies. Les vacances de Noël étant venues, il alla
chercher Amanda et Edmond pour visiter avec
eux ses parents. Ceux-ci n'avaient encore fait
connaissance que par lettres avec la jeune fiancée.
Il y avait ainsi pour Léon un double attrait dans
cette visite, et les quinze jours qu'il passa à la
maison lui parurent délicieux. Amanda, qui avait
gagné tous les cœurs, ne put partir aussitôt; elle
dut rester quelques jours encore dans la famille
de Léon.

Ce fut pendant ce séjour que Léon apprit d'Edmond Brause que Liebmann, déclaré coupable de
vol à l'aide d'une fausse clef, était condamné à une
année de détention. La première pensée de Léon
fut pour la pauvre Elise; comment supporterait-
elle ce nouveau coup? Edmond lui apprit aussi
que, par une dispensation providentielle, la mère
de Liebmann n'avait pas eu à endurer cette honte:
elle était morte subitement le jour même de la
condamnation de son fils.

Le lendemain du jour où la sentence fut pro-
noncée, Liebmann fut transféré dans la prison de

la ville voisine. Il dut changer son uniforme de contrôleur contre l'habit des condamnés : un bonnet noir, une jaquette noire et des pantalons gris. Cette transformation fit éprouver à Adolphe comme un coup au travers de sa poitrine. Il ne pouvait s'empêcher de penser en ce moment à Léon Körne, qu'il avait autrefois désigné à sa femme comme un homme tranquille. Quelle variété étonnante dans les carrières humaines ! Souvent deux vies commencées l'une à côté de l'autre se trouvent à la fin séparées par un abîme.

Le sens religieux avait peu à peu disparu du cœur d'Adolphe. Vu sa culture très incomplète, il ne pouvait manquer de s'égarer lorsqu'il voyait la piété méprisée par des employés supérieurs, qu'il reconnaissait pour plus instruits et plus développés que lui. Aller à l'église ! mais c'est ridicule ; occupez-vous seulement d'avoir de quoi manger, et, si vous avez quelque chose de plus, usez-en pour vous amuser. Telles étaient les réflexions qu'Adolphe avait souvent entendu faire à ses chefs.

Oui, le gain semble être le remède à tous les maux dans ce siècle rempli d'égoïsme et indifférent aux malheurs d'autrui ; l'amour pour le prochain, l'enthousiasme pour le beau, le bien et le vrai, deviennent de vains mots. Et si cette indifférence agit comme un poison, les moqueries font encore plus de mal.

En perdant ses dimanches, Adolphe avait perdu tout appui pour sa moralité et ses bonnes habitudes. Semblable à un roseau agité par le vent, il était devenu le jouet de passions déréglées. Sa conscience, n'étant plus nourrie par l'Ecriture sainte, devint muette. Ainsi, il tomba toujours plus bas.

Les premières semaines qu'il passa dans la prison lui semblèrent autant de mois, la honte qu'il éprouvait encore lui faisait paraître chaque minute plus longue ; puis, se voyant par son fatal uniforme désigné à tous les regards, il conçut dans son cœur de la haine contre le genre humain. Souvent il restait des heures entières à la même place, s'aigrissant toujours plus par ses pensées. Le train de ce monde lui paraissait vraiment dérisoire. Parce qu'il buvait quelquefois un verre et aimait à se trouver en joyeuse société, on lui avait fait un crime de s'être endetté ; pourquoi son salaire était-il insuffisant ? Le riche qui s'accorde tant de jouissances, et n'a pas à faire chaque jour un service fatigant, passe bien, ajoutait-il, pour un homme très respectable.

Il y avait quelques jours qu'il était en prison, lorsqu'il apprit par une lettre de son père que sa mère avait succombé à une attaque d'apoplexie. Vu la honte qu'il avait fait rejaillir sur toute la famille, ajoutait le vieux Liebmann, Adolphe pouvait considérer aussi son père comme n'étant plus. C'était, croyait-il, la dernière fois qu'il lui adressait quelques lignes de sa main.

Que ne dut pas ressentir ce cœur paternel lorsqu'il écrivit cet adieu d'une main tremblante ? Lui dont la probité était à toute épreuve et qu'aucune sollicitation n'aurait fait dévier du droit chemin, il ne pouvait considérer avec indulgence le crime de son fils. Il ne pensait point à l'enchaînement des circonstances ; ne considérant, bien à tort, que le résultat, il ne trouvait en lui aucune disposition au pardon.

Quand il avait reçu la fatale nouvelle de l'arrestation d'Adolphe, il ne l'avait pas communiquée à sa femme. L'innocence de leur fils pouvait, pensait-il, être encore reconnue ; il semblait impossible qu'un enfant élevé dans de si bons principes fût descendu si bas. Et s'il était innocent, il était inutile de donner à sa mère toute l'inquiétude et l'angoisse de ces jours d'attente.

Quelques jours après avoir appris l'emprisonnement de son fils, Liebmann père venait de prendre son souper, sa femme était plus gaie et causait plus qu'à l'ordinaire, lorsque, contre toute attente, celle-ci dit :

— Mon oreille me tinte ; sans doute nous allons avoir des nouvelles d'Adolphe. Je crains bien qu'elles ne soient mauvaises.

En prononçant ces mots, elle interrompit son travail de couture. Liebmann la vit pâlir et chanceler en portant la main sur son cœur. Il s'élança vers elle et la reçut dans ses bras.

— Qu'as-tu ? demanda-t-il. Mais il n'y eut aucune réponse. Son épouse qui, pendant trente ans, avait partagé ses joies et ses peines et qui, cinq minutes auparavant, était en pleine santé, avait maintenant quitté la vie. Elle n'attacherait plus sur lui ses regards pour deviner ses désirs, prévenir ses vœux et avoir à son égard mille petites attentions. Il n'entendrait plus le son de sa voix ; elle était partie, celle qui était la meilleure part de lui-même, et il y aurait désormais dans son cœur un vide bien difficile à combler.

Julie, sœur d'Adolphe Liebmann, était mariée depuis deux ans à un maître serrurier, dont les affaires avaient toujours progressé au point qu'il venait d'ouvrir un second atelier, destiné à la construction des machines. Son mari était un homme instruit et qui l'aimait de tout son cœur, aussi était-elle heureuse.

Les larmes lui vinrent aux yeux quand elle apprit le triste sort d'Elise. Les nouvelles qu'elle reçut ne contenaient aucun blâme à l'égard d'Adolphe, mais elle se douta bien que la légèreté de son frère avait anéanti le bonheur de son amie et elle n'en fut que plus affligée.

Le père Liebmann se rendait à pas lents et la tête baissée chez son gendre ; évidemment quelque chose de terrible lui était arrivé, aussi dès qu'elle l'aperçut, Julie demanda avec effroi ce qu'il y avait de nouveau.

— Viens à la maison, dit-il ; ta mère a eu... une attaque... et...

Il ne pouvait achever. Julie supposa immédiatement quelque chose de grave, puisque son père semblait si bouleversé.

— Qu'y a-t-il donc, cher père ? Oh ! dis-moi toute la vérité, je t'en prie ; ne me tourmente pas plus longtemps.

Le vieux Liebmann ne répondit rien, mais il ne put retenir deux larmes qui le trahirent. Julie se douta de ce qui était arrivé.

— La mère serait-elle morte ? s'écria-t-elle. Et son père ne put répondre négativement.

Deux jours après, la dépouille mortelle de Mme Liebmann, suivie d'un nombreux cortége, était portée au cimetière. Son époux marchait derrière le cercueil, à côté du pasteur. Il avait prié Julie de rester chez elle pour ménager sa santé par égard pour son mari ; mais elle ne put s'y résoudre et voulut accompagner le corps de sa mère. Lorsque le pasteur retraça, en paroles saisissantes, la vie de la défunte, sa piété et ses vertus domestiques, le cœur de Julie fut envahi par une douleur indicible ; elle s'appuya sur le bras d'une amie et ses genoux fléchirent sous elle lorsqu'elle vit jeter la terre sur le cercueil.

Deux jours après cette funèbre cérémonie, au

milieu du deuil le plus profond, arriva la nouvelle
de la condamnation d'Adolphe. Le père jugea que
c'était par une dispensation providentielle que sa
compagne n'avait pas eu à supporter cette épreuve;
elle avait quitté la terre le jour où son fils unique,
reconnu coupable d'un délit odieux, et déshono-
rant pour sa famille, avait été conduit en prison.

LVIII

Adolphe avait donc appris, par la lettre de son
père, l'événement fatal qui venait de s'accomplir
et, en même temps, la cessation des rapports
entre lui et sa famille. Les sentiments les plus opposés remplirent son cœur; il donna pourtant
une larme à sa mère, car les souvenirs de l'enfance n'avaient pas tout à fait disparu. Au milieu
du tourbillon de sa vie si irrégulière, il s'était
trouvé fort loin des influences bienfaisantes de
l'amour maternel; cependant il était encore capable de se reporter avec quelque regret vers les
jours anciens.

Dans la prison, il était astreint à une vie réglée
et devait assister chaque dimanche au service
divin. Si les exhortations du chapelain avaient
réussi à toucher son cœur, il serait certainement

revenu, après sa libération, à une bonne conduite, mais son âme restait profondément endurcie.

On lui apporta des livres d'édification qu'il repoussa en murmurant. Le service divin lui parut ridicule ; à ses yeux le pasteur n'était qu'un hypocrite, exécutant devant les prisonniers une tâche pour laquelle il était rétribué. L'effet désastreux des conversations impies qu'il avait si souvent entendues se montrait maintenant dans toute sa plénitude.

Il ne pouvait souffrir d'entendre toujours répéter qu'il était un pauvre pécheur, qu'il avait besoin du pardon de Dieu et devait se donner au Sauveur. Aussi le culte lui était à charge, et, pendant les prières, ses pensées erraient toujours de côté et d'autre. Cependant le geôlier, le directeur et l'inspecteur de la prison n'eurent pas à se plaindre de lui, bien qu'ils ne remarquassent pas non plus chez lui un grand zèle pour le travail. Au bout de deux mois, il avait complétement recouvré sa joyeuse humeur, qui était son plus grand trésor. S'il avait pu seulement en faire meilleur usage !

La vie régulière et disciplinée pesait sur lui, encore plus que la privation de la liberté. Il est vrai que le repos de toutes les nuits et de tous les dimanches lui faisait du bien et, sous ce rapport, il pouvait se louer de la prison plus que de l'impitoyable régime auquel il avait été soumis. Est-il cependant normal que des employés de services de transports soient moins favorisés que certains malfaiteurs quant au bien-être corporel, spirituel et moral?

Les prisonniers travaillaient tantôt dans la maison, tantôt dans la cour. On avait assigné à Adolphe le travail de la laine, et ce qui le chagrinait le plus c'était de ne pas avoir immédiatement à sa disposition ce qui devait lui revenir, savoir les trois dixièmes du produit de son ouvrage. C'était par trop dur de travailler toujours sans pouvoir se dédommager ensuite en s'amusant. Mais il réfléchit qu'en satisfaisant ses supérieurs, il pouvait espérer une plus prompte libération.

Le chapelain de la prison ne se bornait pas à ses prédications du dimanche ; il allait voir chaque prisonnier dans sa cellule, s'informait de ses besoins, et tâchait d'exciter en lui le repentir et le désir d'être un jour un membre utile de la société. S'il voyait quelquefois d'heureux fruits de son travail, il cherchait souvent en vain à exciter quelques bons sentiments dans ces cœurs pervertis. Il n'obtint d'abord, chez Adolphe, aucun résultat appréciable, quoique notre prisonnier fût loin de manquer de respect à l'homme dévoué qui venait s'entretenir avec lui.

Un jour, cependant, qu'Adolphe venait de penser à sa défunte mère, à la lettre d'adieux de son père, à sa sœur et à tout ce qu'elle avait dû éprouver, son cœur était attendri, lorsque le vénéré pasteur, comme s'il soupçonnait ce qui se passait, entra en le saluant amicalement. Après quelques préliminaires, il questionna Adolphe sur ses antécédents et il apprit qu'il avait été élevé par des parents pieux.

— Avez-vous changé de conduite aussitôt après votre départ de la maison paternelle? demanda-t-il.

— Non, dit Adolphe; pendant plusieurs années j'ai suivi les conseils de mes parents, je lisais ma Bible et je fréquentais le culte public. Mais j'avais une position peu assurée, sans espoir d'avancement; je saisis donc une occasion d'entrer dans le personnel du mouvement, et, dès lors, j'eus non seulement un service plus rude, mais je fus privé de mes dimanches. Je n'en avais qu'un de libre sur neuf semaines, et quelquefois sur dix-huit. Vous voyez maintenant où une telle vie m'a insensiblement conduit.

L'aumônier secoua sa tête grise. L'essor du progrès, se disait-il, a amené des changements heureux dans bien des domaines, mais on prive malheureusement beaucoup d'hommes de toute liberté, de toute vie de famille et de toute influence religieuse. Il y a bien là de quoi les démoraliser! En se plongeant dans ses réflexions, il lui vint à l'esprit cette déclaration de Jésus-Christ : « Ne jugez pas, afin que vous ne soyez pas jugés. » — Il se retraça la carrière de ce prisonnier qui était maintenant devant lui, la tête basse, les yeux fixés sur le sol, et il trouvait bien fâcheux que l'Etat ne protégeât pas davantage le droit de tous au repos hebdomadaire et surtout celui des employés des services publics de transport. Il pensait avec raison qu'ils devraient disposer d'au moins un dimanche entier sur deux, non compris quelques congés dans les jours ouvrables, et qu'il était urgent de cesser d'en faire à ce point de vue des parias.

Le pasteur s'entretint encore un certain temps avec le prisonnier. Il éprouvait une vraie compassion pour l'état dans lequel était tombé Adolphe, par suite des circonstances défavorables de sa profession. Aussi ses paroles partaient-elles du cœur; Liebmann parut touché, et son interlocuteur conçut quelque espoir de relèvement.

Le malheureux commençait en effet à s'avouer que, s'il avait choisi une autre carrière, il ne serait sans doute pas devenu ce qu'il était. Il commençait à soupirer après une vie bien réglée; mais il n'éprouvait pas cependant un vrai repentir, et s'il apercevait les bons côtés d'une existence honnête, c'était surtout parce qu'elle lui aurait procuré un présent plus agréable et un avenir plus assuré! Quant au passé, il ne regrettait point la manière dont il avait vécu, tant il était encore aveuglé.

Il se conduisit toutefois dans la prison d'une manière irréprochable, soit en vue d'obtenir une réduction de sa peine, soit par suite d'un penchant naturel à la soumission.

LIX

Adolphe avait accompli les trois quarts de sa réclusion, lorsque quelques paroles de l'inspecteur éveillèrent en lui de joyeux pressentiments. Son attente ne fut pas trompée : au bout de huit jours il fut mandé devant le directeur. Ce fonctionnaire, après l'avoir considéré d'un œil scrutateur, mais non sans quelque bienveillance, lui dit :

— J'ai le plaisir de pouvoir vous donner une bonne nouvelle : le reste de votre peine vous est remis, et vous allez être libre, si vous promettez de vous conduire d'une manière sérieuse, de travailler et de profiter des expériences cruelles que vous avez faites.

Adolphe promit ce qu'on lui demandait, et le directeur le congédia en ajoutant :

— Allez donc sous le regard de Dieu. Je ne vous dis pas : au revoir, mais plutôt : puissé-je ne jamais vous revoir !

Adolphe aurait promis tout ce qu'on eût voulu, et cela sincèrement ; mais il y a bien de la distance entre la bonne volonté et l'exécution.

Il se rendit ensuite vers le chapelain, qu'il trouva lisant dans son cabinet de travail. Cette chambre avait quelque chose d'attrayant et de confortable.

C'était là que cet homme de bien travaillait, étudiait l'Écriture sainte et préparait ses prédications.

Le pasteur offrit un siège à Adolphe, qui avait déjà échangé son costume de prisonnier contre d'autres vêtements et qui respirait dès lors plus à l'aise, comme s'il eût déposé ses chaînes.

— Vous voilà rendu à la liberté, lui dit le digne chapelain ; je souhaite que les instructions que je vous ai données soient tombées dans un cœur repentant et portent beaucoup de fruits. L'homme est un roseau agité par le vent ; s'il n'a pas un appui hors de lui-même, il ne résiste pas aux orages de la vie. Ne négligez donc pas de rechercher la seule force qui vous rendra inébranlable, celle que vous donnera le Seigneur ; dirigez vos regards en haut, c'est de Dieu seul que vous pourrez recevoir pardon, paix et joie.

Après quelques autres paroles empreintes d'une vraie charité, le pasteur tendit la main à Adolphe, qui se proposait bien, en cet instant, de suivre fidèlement les conseils qui venaient de lui être donnés. Mais le cœur humain est étrangement faible et, sans la prière personnelle et la bénédiction de Dieu, les bons projets qui ne proviennent que d'une émotion momentanée disparaissent bientôt.

Adolphe rentrait dans la vie commune ; les portes de la prison se refermèrent derrière lui, il était libre.

LX

Qu'allait-il faire maintenant? Il restait indécis, ne sachant de quel côté diriger ses pas. Sa femme, qui habitait chez sa mère, avait été prévenue par le directeur.

Cette nouvelle fit à Elise une impression toute particulière. Pendant ces neuf derniers mois, quoiqu'elle dût vivre avec une économie excessive, elle s'était sentie moins malheureuse que les années précédentes. Elle n'avait plus eu l'amertume d'être chaque jour exposée au mécontentement de son mari et à des paroles peu amicales de sa part. Mme Kremer, au contraire, témoignait à sa fille une bonté que celle-ci ne croyait pas mériter; Elise avait toujours été humble et sans prétentions, et ces sentiments n'avaient fait que se fortifier depuis son mariage. Elle se croyait une femme fort imparfaite, s'accusait de beaucoup de faiblesse, et lorsque Adolphe la traitait sans égards, elle en cherchait toujours la cause en elle-même.

Elise qui voulait se suffire à elle-même travaillait toute la journée et pendant une partie de la nuit; ses ouvrages à l'aiguille, même les plus fins, étaient peu payés, et la dette d'Adolphe envers Körne était pour elle un lourd fardeau. Elle avait écrit à Léon qu'elle n'avait point oublié sa promesse, mais que ses gains actuels suffisaient à peine aux besoins les plus pressants. Toutefois elle espérait, avec le secours de Dieu, voir des temps meilleurs.

Léon répondit en exprimant une vive sympathie pour la position difficile d'Elise, dont il n'aurait voulu augmenter le fardeau à aucun prix. Elle ne devait donc pas, à cause de lui, s'imposer des veilles et des privations.

Mme Liebmann éprouva une profonde reconnaissance en lisant ces lignes. Elle résolut d'envoyer le mois suivant quelque argent à ce généreux créancier ; mais ce projet ne devait pas s'accomplir. Affaiblie par les fatigues corporelles et les émotions intérieures, elle fut prise d'une fièvre nerveuse : ses forces déclinèrent aussitôt, et sa mère dut devenir sa garde-malade.

Le médecin donna d'abord peu d'espoir. Il secouait la tête lorsqu'il avait tâté le pouls et mesuré la température du corps. Le quinzième jour, cependant, Mme Kremer tournait vers le ciel un regard plein de reconnaissance : sa fille bien-aimée avait échappé à la mort et lui était, pour ainsi dire, donnée une seconde fois.

La convalescence fut longue et Elise ne devait pas recouvrer une santé complète : les douleurs aiguës passèrent, mais la fièvre persista à l'état chronique. Jamais la jeune femme n'avait paru si maigre et si pâle ; jamais son visage n'avait été sillonné de

rides aussi profondes. De plus, une douleur intérieure ne cessait de la ronger : son mari était en
prison coupable de vol ; la vie ne pouvait plus
rien lui offrir ; elle n'avait eu jusqu'ici que décep-
tions toujours renouvelées.

Ce fut alors qu'elle reçut du directeur de la prison
la lettre qui lui annonçait la libération d'Adolphe.
Elle en éprouva quelque joie, mais aussi de l'inquiétude pour l'avenir. Il lui faudrait suivre son
mari dans une nouvelle position ; c'était son devoir, et elle fit quelques préparatifs en vue d'un
changement de domicile.

Sorti de la prison, Liebmann se proposait bien
de se rendre à A. pour retrouver sa femme. Mais
auparavant il voulut parcourir la ville et visiter ce
qu'elle avait de remarquable. Il n'était entouré que
d'étrangers, et les passants semblaient le considérer avec étonnement, comme si l'on reconnaissait
en lui un prisonnier libéré.

Tout à coup il s'entend appeler par son nom et,
se retournant, il aperçoit le contrôleur Gugler en
costume civil. Ils se saluèrent amicalement, et
Liebmann demanda aussitôt la cause de ce changement d'uniforme.

— J'ai renoncé pour toujours à un emploi dans
les chemins de fer, dit Gugler ; les ennuis et les
punitions s'y renouvellent trop souvent.

Il se garda bien de dire que, sa conduite ayant
donné lieu à des réprimandes de plus en plus fré-

quentes, l'inspecteur lui avait insinué un jour qu'il ferait bien de donner sa démission, car, en sortant volontairement du service, il pourrait plus aisément se placer ailleurs que s'il était renvoyé.

— Je suis donc parti, dit Gugler, car je ne voulais pas me laisser traiter comme une bête de somme.

— Et que fais-tu maintenant? demanda Adolphe en toussant; car dès son entrée en prison, le médecin avait constaté chez lui les débuts d'une maladie de poitrine, ce qui n'était pas surprenant avec la vie qu'il avait menée.

— Je suis agent d'assurances sur la vie et pour l'incendie, répondit Gugler.

— Et comment vont les affaires?

— Elles vont doucement : plus tard cela ira mieux. Mais ne restons pas à causer dans la rue. Entrons ici à la *Couronne de Fer* où nous serons mieux.

Bientôt ils étaient assis auprès d'une table, plongés dans un entretien des plus animés. Gugler demanda un verre de bière après un autre, comme si sa caisse eût été sans fond. Cependant il fit la grimace lorsqu'il s'agit de payer, et s'écria :

— Mais je ne sais vraiment pas où est mon argent !

Une fois lancés, il était tout naturel qu'Adolphe offrît à son tour de payer la dépense. Il entama, quoique à contre-cœur d'abord, les économies qui lui avaient été remises à sa sortie de prison. Cependant, après réflexion, il se dit qu'il était indifférent de laisser l'argent ici ou là, d'ailleurs il n'avait jamais été en relation avec les caisses d'épargne ou autres institutions analogues.

Il n'y a que le premier pas qui coûte. Mettre une seconde fois la main sur son épargne, lui parut beaucoup plus aisé. On prit alternativement du vin et de la bière ; Adolphe, trop longtemps contenu, se laissa aller à ses anciens penchants ; projets, promesses, considérations pécuniaires, tout fut oublié. Ce jour-là, il fallait vivre, et les passions sensuelles reparurent sans aucun frein. Ils s'étaient raconté mutuellement leur vie, et Gugler conseilla à Adolphe d'entreprendre quelque chose d'analogue à ce qu'il faisait lui-même ; en se faisant agent d'assurances pour la grêle ou pour les transports maritimes, il pourrait, sans beaucoup de travail, faire des gains très raisonnables. Et puis, surtout, on était son propre maître et on ne dépendait de personne. Pour le moment, du reste, Liebmann n'avait pas besoin de se faire trop de souci, puisqu'il avait encore dans sa poche quelques pièces d'argent bien sonnantes.

— Donnez-nous encore de la bière, s'écria Gugler. Il semblait que Satan eût envoyé un de ses émissaires sous les traits de cet homme profondément dégradé, afin d'entraîner Adolphe dans la perdition.

Gugler avait épuisé tout son argent, tandis qu'Adolphe n'avait encore dépensé qu'une petite partie de ce qu'il avait sur lui. Mais, par la longue fréquentation de la plus mauvaise société, il s'était habitué à regarder comme une honte de quitter l'auberge tant qu'il avait encore quelque chose à dépenser.

— Oh ! nous ne sommes pas forcés de nous en aller si vite, dit-il à son camarade ; j'ai bien encore quelque chose, et il montra les cinq thalers qui lui restaient.

L'aubergiste, qui avait tout observé, fit de son côté tout ce qu'il put pour les retenir dans son établissement.

Il était environ trois heures du matin lorsque Gugler et Liebmann chancelaient dans les étroites rues de la ville. L'argent d'Adolphe avait passé en boisson, sauf un reste insignifiant. Il avait bien eu l'intention d'arriver la veille auprès de sa femme, mais les circonstances le forçaient à passer la nuit dans cette localité. Ne pensant pas même à chercher un gîte, il chemina avec Gugler jusqu'à la demeure de celui-ci. Adolphe songea alors sérieusement à trouver un abri. Tirant à ce moment son porte-monnaie, il s'aperçut qu'après avoir payé sa couchée, il ne lui resterait pas de quoi rejoindre sa femme.

Eh bien ! dit alors Gugler à moitié assoupi, il

faut que tu restes avec moi cette nuit ; c'est ce que tu as de mieux à faire.

Adolphe ne se le fit pas répéter. Il monta l'escalier, non sans peine, et, au bout de quelques minutes, il dormait profondément, à demi couché sur un sopha.

LXI

Ce premier jour décida de l'avenir d'Adolphe. Le matin, il se laissa encore entraîner par Gugler à prendre une chope, puis plusieurs. Bientôt Adolphe s'aperçut qu'il n'avait plus l'argent suffisant pour son voyage.

Que faire maintenant ? C'était certes une position critique. Il se souvint tout à coup que Körne étudiait à l'université de la ville voisine. Il n'aimait guère à se présenter devant lui dans la double qualité de débiteur et de détenu libéré ; mais surmontant ce sentiment de honte, il prit le train jusqu'à la ville universitaire et s'informa aussitôt de la demeure de Léon, qu'il trouva chez lui.

Adolphe raconta que, se rendant auprès de sa femme, chez sa belle-mère, il avait voulu visiter Körne en passant. Il avait eu le malheur d'être condamné, quoique innocent, et de passer neuf mois en prison. Ce fut avec un tel accent de vérité qu'il attesta son innocence que Léon fut sur le point de croire à une erreur judiciaire.

Adolphe réussissait à se concilier, en une certaine mesure, les sympathies de son ancien voisin, qui avait toujours éprouvé peu d'estime et de compassion pour lui.

— Je suis très embarrassé, continua-t-il, car je n'ai pas l'argent nécessaire pour aller jusqu'à A. N'auriez-vous pas la bonté, Monsieur Körne, de me faire une petite avance? Je vous laisserai ma chaîne d'or en garantie pour ce que vous me prêterez et pour ce que je vous dois déjà. Elle m'a coûté trente-six thalers.

Léon considéra la chaîne, qui avait bien l'apparence de l'or, et priant Adolphe de l'excuser un moment, il entra chez un voisin, à qui il demanda son avis sur cette chaîne et sa valeur. Celui-ci pensa aussi qu'elle pouvait bien représenter trente-six thalers et, par excès de délicatesse, Léon ne voulut pas montrer trop de défiance à Liebmann en allant consulter un orfèvre. Il rentra donc et lui demanda comment il comptait s'acquitter des vingt-deux thalers déjà dus et de la nouvelle somme qu'il désirait recevoir.

Adolphe répondit qu'une place de contrôleur lui était assurée dans les tramways d'une grande ville du voisinage; il gagnerait quarante-cinq thalers par mois et s'engageait à en payer quatre à Léon chaque fois.

Les gens scrupuleusement honnêtes sont enclins à supposer chez leurs semblables les mêmes dispositions. Léon demanda donc à Adolphe quelle somme il lui fallait pour son voyage, et l'autre indiqua hardiment le chiffre de dix à douze thalers. Quoique surpris d'une si haute prétention, Léon ne dit rien, prit du papier et une plume et écrivit un reçu par lequel Adolphe s'engageait à rendre les trente-deux thalers qu'il devait en en remboursant quatre chaque mois. Liebmann signa; Léon lui remit donc dix thalers, reçut la chaîne comme gage et se mit à parler d'autre chose. Ils causèrent encore un moment, puis Adolphe prit congé et Körne le chargea de salutations pour sa femme.

Resté seul, Léon commença à soupçonner la sincérité d'Adolphe. Toutefois, après avoir enfermé soigneusement la chaîne, il attendit le premier jour du mois suivant.

Il n'y eut ni lettre ni mandat de Liebmann. Un second mois s'écoula de même. Alors Léon porta la chaîne chez un orfèvre; elle était d'or plaqué et ne valait que six thalers. Il écrivit à la direction des tramways; on lui répondit que le nom d'Adolphe Liebmann était complétement inconnu. Les sentiments les plus pénibles remplirent le cœur si généreux de Léon.

Trois mois plus tard, il reçut deux thalers, non d'Adolphe, mais de sa femme, et une somme semblable fut envoyée encore plusieurs fois, de mois en mois. Ce fut ainsi que Léon connut la résidence de Liebmann. Elise l'informa que son mari avait une place très peu payée au chemin de fer, et que son salaire était complètement employé pour ses besoins personnels ; elle devait donc, par ses travaux de couture, s'acquitter de la dette qui pesait sur eux et s'excusait de ne pouvoir envoyer plus de deux thalers par mois. Léon fut touché de la délicatesse de cette femme si éprouvée.

Une autre fois encore Elise lui écrivit qu'elle était malade, que ses forces diminuaient et qu'elle le priait de patienter encore un mois. Je suis si malheureuse, ajoutait-elle, et j'ai tant de sujets de larmes. Oh ! que Dieu aie pitié de nous !

Léon fut ému de compassion à cette lecture. Quoiqu'il fût obligé lui-même de s'imposer les plus grandes privations, car la vie était chère dans cette ville et ses épargnes presque épuisées, il se fit d'amers reproches d'avoir accepté quelque chose de Mme Liebmann.

Il lui écrivit donc de ne s'imposer aucune privation à cause de ce qui lui était encore dû et de cesser pour le moment tout envoi. Quand des jours plus heureux seraient revenus, elle pourrait songer à s'acquitter complétement, puisqu'elle ne voulait pas entendre parler d'une renonciation de sa part à toute dette. Il souhaitait de tout son cœur que leur position s'améliorât bientôt.

Il ne reçut pas de réponse. Ses études approchaient de leur fin et il travaillait plus que jamais en vue de son dernier examen.

LXII

Quatre semaines plus tard, la locomotive transportait à B. Léon Körne dont l'aspect seul indiquait qu'il était heureux et rempli de la joie la plus pure. Il avait passé ses examens d'une manière brillante, et avait reçu d'une administration de chemin de fer l'offre d'un emploi supérieur, grâce à la protection d'une personne haut placée et aux travaux qui avaient montré sa compétence dans ces matières.

Ainsi ses espérances les plus hardies s'étaient réalisées; mais ce qui couronnait son bonheur, c'était la perspective d'épouser Amanda dans le courant du mois suivant et de commencer avec elle une nouvelle existence.

Le jour solennel tant désiré arriva enfin. A neuf heures, l'époux demanda à voir sa fiancée qui était prête. Vêtue de blanc et avec des fleurs dans les cheveux, Amanda avait quelque chose d'angélique, et Léon osait à peine la toucher. Toutefois une certaine mélancolie se montrait sur le visage de la jeune épouse. Il fallait quitter son père et sa mère; Léon devait tout remplacer pour elle à l'avenir.

— Je veux l'essayer, lui avait-il dit, et son regard

témoignait d'une affection si profonde et si sérieuse qu'Amanda l'aurait suivi jusqu'au bout du monde.

Une des sœurs de Léon, et Irma, sœur cadette d'Amanda, étaient les amies de noce. De grand matin déjà, Edmond avait rendu visite à son futur beau-frère, et l'avait serré dans ses bras.

Les sons de l'orgue retentissaient avec solennité dans le temple : la cérémonie avait commencé. Le pasteur adressa aux deux époux des paroles propres à émouvoir les cœurs, et ce fut en tremblant qu'Amanda prononça le *oui* sacramentel ; elle était donc unie pour toujours à Léon qui était là près d'elle et lui, de son côté, promettait de toujours l'aimer.

Le repas de noce suivit ; c'était Edmond qui avait fait les arrangements matériels de la fête ; on apercevait dans les moindres détails qu'il s'en était acquitté avec amour.

L'après-midi s'envola bien vite, et au crépuscule les deux époux quittèrent sans bruit la salle du festin. Amanda, entrant dans sa chambre de jeune fille, embrassa encore une fois sa mère et prit congé, non sans émotion, de l'amie la plus fidèle qu'elle pût avoir ici-bas. Une heure après, bien des lieues séparaient la nouvelle mariée de sa maison paternelle.

LXIII

Le voyage de noce avait duré près de quatre
semaines, et depuis six mois Léon occupait sa
nouvelle position. Pendant tout ce temps il n'a-
vait rien appris des Liebmann. Quant à la dette
qui n'avait jamais été acquittée, il ne songeait nullement à la réclamer, estimant avoir fait un don à
des malheureux.

Une visite d'Edmond causa la plus grande joie
aux deux époux. Lui aussi avait eu du succès
dans sa carrière et était arrivé dans l'administration
à une place supérieure. Il leur donna des nouvelles
d'Adolphe Liebmann qui, après sa sortie de prison,
avait obtenu une place dans un chemin de fer;
mais lorsqu'on eut découvert que, pour se la procurer, il avait fait usage de faux certificats, il fut
renvoyé. Quant à sa femme, elle gardait le lit et le
médecin ne donnait plus d'espérance. Son mari
était toujours absent et elle était soignée par deux
diaconesses.

Pendant sept jours elle fut entre la vie et la mort:
le huitième jour, les rayons du soleil levant qui pé-
nétraient dans la pauvre mansarde vinrent éclairer
sa figure tout à fait décolorée. Une paix inexprimable
se peignait sur ses traits: elle s'était endormie

heureuse dans le Seigneur. A côté du lit pleurait sa mère ; Mᵐᵉ Kremer perdait avec Elise une portion de sa propre vie, et son cœur semblait près de se briser par l'excès de la souffrance.

— Elle est heureuse maintenant, dit le pasteur en entrant dans cette maison de deuil. Toutefois, il n'ignorait pas que la séparation était bien dure pour celle qui restait.

Un pas chancelant se fit alors entendre sur l'escalier : c'était Adolphe qui rentrait. La rougeur de sa figure montrait l'usage qu'il avait fait des spiritueux ; il pouvait à peine se tenir debout et son œil était hagard. Il s'aperçut cependant que quelque chose d'extraordinaire était arrivé, et, jetant un regard sur le lit, il comprit.

Dans les jours qui suivirent, le malheureux fut toujours en état d'ivresse. Personne ne savait comment il pouvait toujours boire.

L'enterrement eut lieu seulement le quatrième jour. Le pasteur parla à Adolphe d'une manière sympathique, et celui-ci suivit le cercueil avec une apparence fort convenable, à en juger du moins par l'extérieur. Mais aucun homme n'aurait pu deviner ce qui se passait dans son âme.

Un tertre s'éleva bientôt au-dessus de la dépouille mortelle d'Elise ; après un douloureux pélerinage elle avait atteint la patrie céleste.

Adolphe, toujours plus malade de la poitrine, ne fut dès lors aperçu que rarement par ses an-

ciennes connaissances. Il devait bien avoir certaines ressources, car ses dépenses étaient assez
fortes. Il y avait là-dessous quelque ténébreuse
histoire.

Dans une taverne du dernier ordre, il avait fait
la connaissance d'un homme qui paraissait extrêmement habile. Ils en étaient venus un jour à
l'inévitable sujet de conversation: le manque d'argent.

— L'argent ne manque qu'aux imbéciles, lui
avait dit ce personnage avec un sourire mysté-
rieux.

Adolphe n'avait pas bien compris d'abord de
quoi il s'agissait, mais une heure après il était
initié et devenait l'ami intime de cet étranger.

Quelques semaines plus tard on faisait un soir,
dans un poste de police, tous les préparatifs d'une
expédition sérieuse. Au coup de minuit, une troupe
de gendarmes et d'agents se rend dans une rue
étroite. Une maison est investie, on y pénètre sans
bruit, car les semelles des agents sont en caout-
chouc. Tout à coup retentit un affreux vacarme et
Adolphe Liebmann, tout sanglant, se précipite vers
la porte, glisse avec une incroyable agilité dans la
rue, malgré les fusils qui se dirigent contre lui, et
disparaît dans l'obscurité. Un coup fut tiré sur le
fuyard, mais en vain.

Le lendemain, une nouvelle importante parut
dans les journaux; une bande de faux-monnayeurs,

épiée depuis longtemps par la police, avait été découverte et surprise dans son atelier même ; deux
hommes avaient été arrêtés ; un troisième, sorti de
prison depuis un an et autrefois employé au chemin de fer, avait réussi à prendre la fuite.

Pendant quelques jours il ne fut plus question
d'Adolphe. Toutefois la catastrophe finale était
proche. Tout l'argent qu'il avait emporté avec lui
— et c'était une somme assez considérable, dont
une bonne partie en fausse monnaie — lui servit
à s'enivrer de nouveau ; il semblait complétement
dégradé.

Enfin le dernier sou étant dépensé, Adolphe se
trouvait sans argent, sans famille, sans place, sans
conscience, sans Dieu, et atteint en outre d'une
maladie mortelle. Comme il passait en toussant et
en chancelant auprès de la rivière, son cerveau
excité par la boisson lui représenta tout à coup
qu'il ferait bon être là-dedans : il sauta, et sa
triste vie... se termina plus tristement encore.
Adolphe, l'ancien employé des chemins de fer,
était désormais entré dans l'éternité. Pauvre
Adolphe !

LXIV

Le printemps est venu de nouveau réjouir la
terre ; le parfum enivrant des fleurs remplit le jar-

din d'une jolie villa. Un homme jeune encore, et dans la plénitude de ses forces, regarde en souriant son épouse : elle tient dans ses bras un petit garçon aux joues roses, la vraie image de son père.

Il n'y a pas longtemps que la jeune mère a pu quitter son lit, et ses joues sont encore bien pâles. Une dame plus âgée survient et, rayonnante aussi de joie, elle prend à sa fille le jeune enfant, afin qu'elle puisse se rendre au service divin.

Bientôt les cloches retentissent et on voit Amanda s'acheminer vers l'église. Mais elle n'y va point seule, elle accompagne Léon, son époux bien-aimé, qui profite toujours, avec bonheur, de la libre disposition de ses dimanches pour les passer en famille et se rendre à la maison de Dieu.

FIN

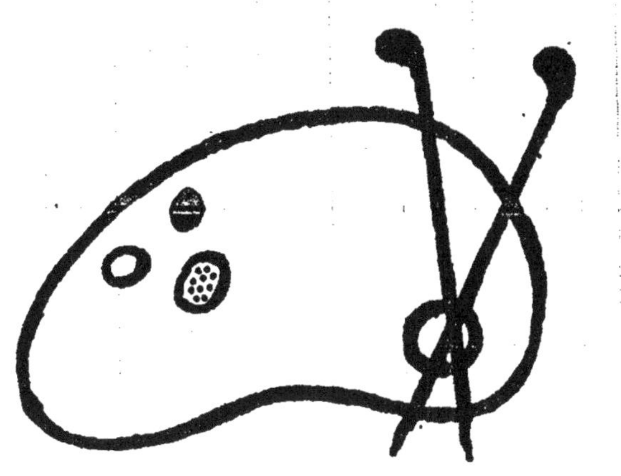

Original en couleur

NF Z 43-120-B

9 782016 149041